**Das Buch**

Chefs, Mitarbeiter und Kunden wenden bei der Kommunikation vermehrt schmutzige Tricks an, um sich durchzusetzen. Es wird kaum noch fair diskutiert, stattdessen regiert die Niedertracht. In diesem Buch lernen Sie, wie Sie sich vor Manipulation, Grenzüberschreitungen und anderen Dirty Tricks schützen können, ohne dabei selbst zu miesen Methoden greifen zu müssen. Anhand vieler anschaulicher Beispiele zeigt Günther Beyer die gängigsten Täuschungsmanöver. Die schmutzigen Tricks der Kommunikation reichen von Fangfragen oder vorwurfsvollen Gesprächspausen über die *Good Cop, Bad Cop*-Strategie bis hin zur Absturztaktik. Mit Hilfe eines Frühwarnsystems sowie einer nach Härtegraden sortierten Tabelle können Sie diese und andere Manipulationen sofort entlarven und eindrucksvoll kontern. Die vielen prägnanten Fälle, praktischen Kurzübersichten sowie passenden Gegenstrategien werden Ihnen helfen, den Ferkel-Faktor bei unfairen Gesprächen im Zaum zu halten und in jeder Situation souverän zu agieren.

**Der Autor**

Günther Beyer ist Coach und Trainer von Vorständen, Geschäftsführern und Führungskräften. 1976 gründete er die Beyer-Seminare GmbH und leitet sie mit einem Stamm von zwanzig Trainern noch heute. Er entwickelte viele erfolgreiche Trainingsmethoden und ist Autor zahlreicher Bücher und Beiträge für Zeitschriften, Rundfunk und Fernsehen. In zehn Fernsehbeiträgen übernahm er selbst die Moderation.

Günther Beyer

# Der Ferkel-Faktor

**Die schmutzigen Tricks
der Kommunikation**

**Ullstein**

Besuchen Sie uns im Internet:
www.ullstein-taschenbuch.de

Dieses Taschenbuch wurde auf FSC-zertifiziertem Papier gedruckt.
FSC (Forest Stewardship Council) ist eine nichtstaatliche,
gemeinnützige Organisation, die sich für eine ökologische und
sozialverantwortliche Nutzung der Wälder unserer Erde einsetzt.

Umwelthinweis:
Dieses Buch wurde auf chlor- und säurefreiem Papier gedruckt.

Ungekürzte Ausgabe im Ullstein Taschenbuch
1. Auflage Mai 2010
© Ullstein Buchverlage GmbH, Berlin 2008/Econ Verlag
Umschlaggestaltung: HildenDesign, München
(unter Verwendung einer Vorlage von Etwas Neues entsteht, Berlin)
Satz: LVD GmbH, Berlin
Gesetzt aus der Sabon und Sans Bold
Papier: Pamo Super von Arctic Paper Mochenwangen GmbH
Druck und Bindearbeiten: CPI – Ebner & Spiegel, Ulm
Printed in Germany
ISBN 978-3-548-37310-2

# Inhaltsverzeichnis

| | |
|---|---|
| Einleitung | 7 |
| **Die Macht der Niedertracht** | 13 |
| Raue Sitten: Der Druck nimmt zu | 19 |
| Hemmschwellen und Moral | 21 |
| Wann sind Sie Opfer und wann Täter? | 23 |
| **Eine Phänomenologie der schmutzigen Tricks** | 29 |
| **Dirty Tricks, mit denen Sie im Berufsalltag konfrontiert werden – Fallbeispiele, Analysen und Schutzmechanismen** | 39 |
| Dirty Tricks, die Ihre Gefühle verletzen sollen | 43 |
| Dirty Tricks, die Existenzängste schüren | 56 |
| Dirty Tricks, die Ihr moralisches Empfinden stören sollen | 68 |

| | |
|---|---|
| Dirty Tricks, die Ihre Kompetenz in Frage stellen | 77 |
| Dirty Tricks, die mangelnden Respekt zeigen | 91 |
| Dirty Tricks, die Ihre Nerven auf eine harte Probe stellen | 102 |
| Dirty Tricks, die Sie (nur scheinbar) zum Sieger machen | 120 |
| Dirty Tricks, die die Gesetze Ihrer Aufmerksamkeit/ Unaufmerksamkeit ausnutzen | 127 |
| Schlagfertigkeit und schwarze Rhetorik | 132 |
| Die Gefährlichkeit der Subtilität | 138 |

## So entwickeln Sie ein »Frühwarnsystem« 141

Die Transaktionsanalyse 143

## Vom Soft Trick zum Dirty Trick 157

Eine Checkliste für den schnellen Durchblick bei Angriffen 159

## Chinesische Listen und Taktiken 165

| | |
|---|---|
| Nachwort | 185 |
| Eine Bitte in eigener Sache | 187 |
| Eine Hilfe zur Übersetzung des Satz-Ungetüms von Seite 81/82 | 189 |
| Danksagung | 189 |

# Einleitung

Dieses Buch basiert auf meiner persönlichen Erfahrung, meinen Seminaren und meinen Gesprächen mit Seminarteilnehmern und dient ausschließlich dem Zweck, schmutzige Tricks in der Kommunikation und Fallen, Listen sowie miese Taktiken in Verhandlungen oder Besprechungen zu erkennen und zu entlarven. Es hat keinen wissenschaftlichen Anspruch; zahlreiche praktische Hinweise werden Ihnen helfen, in Zukunft besser zu reagieren, sich vor Schaden zu schützen und so den »Ferkel-Faktor« in unserem Umgang miteinander zu reduzieren.

Die Zeiten haben sich verändert, und der Ton vor allem im Job ist rauer geworden. Kurzfristige Erfolge werden verlangt, und das »Überleben« in einem Unternehmen steht im Vordergrund. Auch im privaten Alltag wird das Denken und Handeln von diesem »Überlebenskampf« bestimmt.

Führungskräfte und Mitarbeiter, Verkäufer, Einkäufer, Geschäftspartner und Kunden, aber auch Bekannte und Freunde schildern immer häufiger Gesprächssituationen, in denen der »Ferkel-Faktor« greift, in denen sie sich ausgetrickst, in die Enge getrieben oder bloßgestellt fühlen.

Was bleibt, ist Ärger, Wut oder das Gefühl der Ohnmacht. Darunter leiden oft die Beziehungen zwischen Mitarbeitern, deren Führungskräften, die Teamfähigkeit, die Kundenorientierung, die Kunden-/Lieferantenbeziehungen und nicht zuletzt auch Partnerschaften und Bekanntschaften. Langfristige sinnvolle Bindungen erhalten eine erschreckend niedrige Priorität.

Solche Verhaltensweisen und Strategien, die auf einen kurzfristigen Erfolg beispielsweise bei einem Verkaufsgespräch oder einer Vertragsverhandlung abzielen, schaden mehr, als dass sie nutzen – zumal sie ohnehin meist nur für den Einzelnen von Vorteil sind.

Oft werden schmutzige Kommunikationstricks unbewusst und intuitiv eingesetzt; die Hemmschwelle ist jedoch in den letzten Jahren spürbar gesunken, und immer mehr Menschen nutzen diese Taktiken bewusst und gezielt, um möglichst schnell und ohne Rücksicht auf den Gesprächspartner ihr Ziel zu erreichen.

In diesem Buch werden Ihnen die gängigsten Taktiken gezeigt und nach dem Grad ihrer Gefährlichkeit eingeordnet. Durch »Frühwarnsysteme« können Sie Manipulationen durch einen Gesprächspartner sofort erkennen und entlarven, und mit Hilfe der richtigen Gegenmittel wird es Ihnen gelingen, die schmutzigen Tricks Ihres Gegenübers durch souveränes Reagieren unwirksam zu machen.

Zum besseren Überblick sind diese Tricks und Fallen zusätzlich in einer Tabelle zusammengefasst – denn wenn Sie die Taktiken durchschauen, sind sie kaum noch wirksam!

Darüber hinaus finden Sie am Ende des Buches 15 ausgewählte chinesische Listen, die ebenfalls oft zum Einsatz kommen. So gewappnet, können Sie in Zukunft wesentlich schneller auf eine negative Beeinflussung durch Ihre Gesprächspartner reagieren und Schaden für sich, Ihr Unternehmen und Ihre Umgebung abwenden. Denn wer Täuschungsstrategien, Fallen und Tricks durchschaut, kann eindrucksvoll kontern und lässt sich in Zukunft nicht mehr über den Tisch ziehen.

# Die Macht der Niedertracht

Jeder Mensch hat Bedürfnisse, und das Ziel eines jeden ist es, seine Bedürfnisse zu befriedigen. Doch nicht immer wird dafür ein moralisch einwandfreier Weg gewählt; vielmehr ist sowohl in der Wirtschaft, in der Politik als auch im privaten Umgang immer öfter zu beobachten, dass bösartige Manipulationen, verbale Attacken und andere miese Tricks an der Tagesordnung sind.

Sogenannte Dirty Tricks, die Ihre Gefühl verletzen, Existenzängste schüren, Ihr moralisches Empfinden stören oder Ihre Kompetenz in Frage stellen, werden oftmals in Verhandlungen oder Mitarbeitergesprächen angewandt, um Sie zu schwächen. Und ein ganz harter Wind weht, wenn mittels eines Dirty Tricks Ihre Nerven auf eine harte Probe gestellt und Sie konkret attackiert werden.

Doch was bringt Menschen dazu, andere mit Hilfe schmutziger Tricks zu schädigen und sich selbst ohne Rücksicht Vorteile zu verschaffen? Warum ist der Ferkel-Faktor in unserer Welt so groß?

In der Politik ist man an solche Verhaltensweisen vielleicht noch gewöhnt, schließlich geht es alle vier Jahre darum, wiedergewählt zu werden und den Konkurrenten auszustechen. Freundschaften sind hier eher Zweckbündnisse, die nur so lange Bestand haben, wie der Betreffende Vorteile daraus zieht. Skrupel sind eher selten, der andere ist Mittel zum Zweck.

Ein Politiker, der vor kurzem eines meiner Seminare besuchte, fragte mich während des Mittagessens, ob ich die Steigerungsform von Feind kennen würde. Als ich verneinte, klärte er mich auf: Feind – Erzfeind – Parteifreund!

In der Politik wird und wurde schon immer mit harten Bandagen gekämpft. Beispielsweise wurde Franz Josef Strauß nachgesagt, dass er gerne bluffte (oder vielleicht doch die Wahrheit sagte?). Eine solche Taktik hörte sich dann mitunter so an:

»Herr Kollege von der SPD, im letzten Jahr am 6. September haben Sie mit dem Brustton der Überzeugung den Standpunkt vertreten, Deutschland solle sich aus allen militärischen Auseinandersetzungen raushalten. Wenn Sie sich heute vorne hinstellen und für die Mitbeteiligung an militärischen Auseinandersetzungen stimmen, dann widersprechen Sie sich und machen sich vor dem gesamten Parlament unglaubwürdig. Herr Kollege, heute mal so und morgen mal so, Sie stellen sich als jemand dar, der nicht zu seinem Wort steht!«

Der Kollege hatte dies sicher so nie gesagt, aber Strauß nutzte die Taktik des Bluffens und der Halbwahrheiten; er war sich sicher, dass der attackierte Kollege sich nicht mehr an das erinnern konnte, was er vor Monaten gesagt hatte. Zudem galt Strauß' Gedächtnis als nahezu unfehlbar. All dies sorgte für eine entsprechende Stimmung.

Auch Joschka Fischer oder Herbert Wehner waren für ihre Schlagfertigkeit und unfaire Dialektik bekannt:

»*Sie sind Geschichte, im guten und im schlechten Sinne, das haben Sie immer gewollt. Aber in Zukunft werden Sie nicht mehr sein – drei Zentner fleischgewordene Vergangenheit.*«

Joschka Fischer 1995 zu Bundeskanzler Helmut Kohl

»*Zimmermann ist als Löwe gesprungen und als Bettvorleger gelandet.*«

Joschka Fischer 1984 über den damaligen
Bundesinnenminister Friedrich Zimmermann

»*Lachen Sie mal! Aber nicht höhnisch, sondern über sich selbst!*«

Herbert Wehner

»*Mann, hampeln Sie doch nicht so herum. Sie sind doch Geschäftsführer und nicht Geschwätzführer.*«

Herbert Wehner

Diese für die Zuhörer sehr unterhaltsame Rhetorik diente und dient immer nur einem Ziel: Stimmung zu machen und für die eigene Meinung zu werben, wenn Sachargumente nicht geeignet sind. Dass es auch ganz anders geht, zeigt uns beispielsweise Bundeskanzlerin Angela Merkel. Zumindest öffentlich sichtbar bedient sie sich keiner unfairen Taktiken. Was sie hinter den Kulissen in sehr subtiler Weise tut, um zum Ziel zu kommen, bleibt uns verborgen.

Andere positive Beispiele der Kommunikation und des Diskurses sind Fernsehsendungen wie »Hart aber fair« mit Frank Plasberg oder der sonntägliche Live-Talk mit Anne Will. Hier werden die Auseinandersetzungen sachlich geführt, und auch Kritik wird konstruktiv geäußert. Niemand hat es nötig, sich schmutziger Tricks zu bedienen. Dazu trägt in diesen Runden allerdings auch die große Öffentlichkeit bei, die unfaire Verhaltensweisen thematisiert und abstraft. Darauf können Sie in den meisten Situationen nicht zählen.

Und so ist zu beobachten, dass Fairness in der Diskussion mehr und mehr zur Ausnahme wird – bestimmend ist viel häufiger die Macht der Niedertracht. Dirty Tricks führen zwar in vielen Fällen zu kurzfristigen Erfolgen, doch sie hinterlassen nicht selten zerstörte Beziehungen, geschäftlich oder privat. Wer sich so durchs Leben »schlägt«, der wird auch für sich selbst langfristig Schaden erleiden: Die Glaubwürdigkeit und der gute Ruf bleiben auf der Strecke.

Lassen Sie sich nicht mehr über den Tisch ziehen! Enttarnen Sie die versteckten Kommunikationsfallen, blocken Sie Dirty Tricks ab und lernen Sie, mit Provokationen, Fangfragen oder Bluffs umzugehen.

## Raue Sitten: Der Druck nimmt zu

Die rauen Sitten, die sich seit geraumer Zeit im geschäftlichen und privaten Miteinander eingebürgert haben, geben Anlass zur Sorge. Der Erfolgsdruck, der auf dem Einzelnen lastet, hat sich verstärkt, Personal wurde reduziert, doch die Arbeitsbelastung steigt, die Karrierechancen sinken, die Existenzängste werden größer.

Wer verliert oder scheitert, wird ausgegrenzt, nicht mehr beachtet; jeder kämpft für sich, kaum einer steht noch für den anderen ein, jeder ist sich selbst der Nächste. Wer in einem solchen Klima überleben will, senkt seine Hemmschwelle, wirft seine Skrupel über Bord und greift nach jeder möglichen Taktik, die zielführend erscheint und Erfolg verspricht.

Auch früher wurde man im beruflichen Umfeld nicht mit Samthandschuhen angefasst, doch noch nie war es so gesellschaftsfähig, anderen zu schaden, sich selbst Vorteile zu verschaffen und verbrannte Erde zu hinterlassen. Und so werden Kunden belogen, Lieferanten abgezockt, Kollegen,

Mitarbeiter und Führungskräfte gegeneinander ausgespielt und schachmatt gesetzt. Freunde oder gute Bekannte stechen einander aus, gaukeln Lügen als Wahrheiten vor – langfristige Bindungen sind im Stellenwert schmerzlich gesunken, der kurzfristige, egoistische Profit steht höher. Die Konsequenzen: Demotivation, Aggression, finanzieller Schaden für die Wirtschaft, zerstörte Beziehungen und Feindschaften fürs Leben.

Sind Sie selbst schon einmal Opfer solcher Dirty Tricks geworden? Dann wissen Sie, wie es sich anfühlt, über den Tisch gezogen zu werden. Dennoch: Sie sind nicht nur Opfer, sondern auch Täter, denn viele unfaire Kommunikationstechniken werden unbewusst angewandt. Diese *intuitive Täterschaft* basiert auf dem Impuls, in einer schwierigen Situation zu »überleben«. Dennoch ist es wichtig, seine Grenzen zu definieren: Wie weit will ich gehen? Und wie weit lasse ich andere gehen?

Wenn Sie das Verhalten Ihres Gegenübers einschätzen und enttarnen können, wird es Ihnen leichter fallen, diese Grenzen zu verteidigen und dem Angreifer eine klare Botschaft zu senden: Mit mir nicht, bis hierhin und nicht weiter! Das kann für Ihren Widersacher durchaus heilsam sein.

## Hemmschwellen und Moral

Die meisten Menschen haben Hemmungen, wenn es darum geht, anderen zu schaden. Obwohl die persönlichen Bedürfnisse und Wünsche immer im Vordergrund stehen, ist den meisten bewusst, wie sehr sie anderen gegebenenfalls schaden könnten.

Wie weit jemand bereit ist zu gehen, wenn es um die eigenen Vorteile geht, ist höchst individuell. Moralische Bedenken und auch die innere Rechtfertigung bestimmen die Grenzen, und die Signale hierfür kommen aus dem Bauch: Mitleid, ein schlechtes Gewissen oder sogar starke Gewissensbisse.

Neben einer emotionalen Einschätzung einer Situation kann aber auch eine ganz nüchterne und rein sachliche Güterabwägung die Grundlage einer Entscheidung sein.

Ein Beispiel: Ich muss einen guten Bekannten um des eigenen Vorteils willen betrügen. Wir beide bewerben uns um den gleichen Job, der sehr wichtig für unsere weitere Karriere ist. Nur einer kann diese Position bekommen, der andere ist der Verlierer. Um mir den Job zu sichern, lege ich meinen Freund herein. Die Konsequenzen: Ich bekomme die Position, aber gleichzeitig wird auch die Freundschaft beendet. Die Güterabwägung lautet in diesem Fall: Ist mir die Freundschaft oder aber die neue Position wichtiger? Skrupel hindern mich bei dieser Güterabwägung nicht, wenn ich davon überzeugt bin, dass ich diese Position verdient habe und mein guter Bekannter genauso rücksichtslos vorgeht.

Jeder setzt das ganze Leben lang mehr oder weniger harte Taktiken und Tricks ein, um Ziele zu erreichen. Die individuellen Grenzen werden durch innere Hemmschwellen, Skrupel und Moral sowie die jeweilige Güterabwägung bestimmt. Und dennoch setzt man verschiedenen Personengruppen gegenüber auch jeweils andere Grenzen. Je vertrauter die Menschen sind, umso höher sind die inneren Hemmschwellen und Skrupel, Dirty Tricks einzusetzen, um die eigenen Ziele zu erreichen. Sind diese Personen eher fremd, wird man die Entscheidung über das weitere Vorgehen auf Basis einer Güterabwägung treffen.

## Wann sind Sie Opfer und wann Täter?

Jeder von uns wurde schon einmal Opfer eines Dirty Tricks; vielleicht ist es Ihnen gar nicht aufgefallen. In diesem Falle ist der »Täter« möglicherweise subtil und raffiniert vorgegangen – ein echter Profi. Die Frage, die sich daraus ergibt, ist: Gibt es eine Art Opferprofil? Fallen manche Personen öfter einer unfairen Taktik zum Opfer?

Ein solches Profil lässt sich tatsächlich erarbeiten. Fragen Sie sich doch einmal, in welchen Situationen Sie in die Falle gelockt wurden und wann und warum Sie sich manipulieren ließen. Vielleicht erkennen Sie sich in einer der Gruppen wieder?

**Der Naive**

Wenn Sie selbst Skrupel haben, Dirty Tricks einzusetzen, werden Sie meistens von sich auf andere schließen und davon ausgehen, dass andere Sie niemals über den Tisch ziehen würden. Der Täter spürt diese Einstellung und wird dadurch ermutigt.

### Der Verzeihende

Wenn Sie jemandem, der Sie reingelegt hat, nur allzu gerne und allzu schnell verzeihen, unterstützen Sie den Täter in seiner Güterabwägung: Er hat Vorteile, muss aber keine Konsequenzen fürchten.

### Der Downer

Wenn Sie ein sehr schwaches Selbstbewusstsein haben und der Meinung sind, nichts wert zu sein, hat ein potenzieller Täter nichts zu befürchten.

### Der Gutmütige

Wenn Sie zu gutmütig sind und jeden Schaden auf die leichte Schulter nehmen, hat ein Täter kaum mit schweren Konsequenzen zu rechnen.

### Der Aufopfernde

Wenn Sie ausstrahlen, dass Sie sich für andere aufopfern, mehr an dem Vorteil anderer interessiert sind als an Ihrem eigenen Wohlergehen, dann hat auch hier der Täter leichtes Spiel.

**Der Täter, der zum Opfer wird**

Wenn Sie andere selbst oft ausgetrickst und über den Tisch gezogen haben, wird Ihr Gegenüber seine Skrupel verlieren und mit einem hohen Maß an innerer Rechtfertigung zumindest die Dirty Tricks einsetzen, die er durch Sie kennengelernt hat.

**Einer gegen viele**

Sollten Sie beispielsweise in einer Besprechung mit mehreren Teilnehmern Opfer einer unfairen Attacke geworden sein und sich nicht dagegen verwahrt haben, kann es auch zu einem unangenehmen gruppendynamischen Prozess kommen. Andere Teilnehmer schauen dabei zu, wie Sie in eine Falle gelockt werden, und ziehen möglicherweise nach, obwohl dies in einem Gespräch unter vier Augen undenkbar gewesen wäre.

Auch auf der Gegenseite gibt es ein »Täter«-Profil bzw. Gründe, warum jemand zum Täter wird oder geworden ist.

Ebenso lassen sich »Täterprofile« erstellen und Konstellationen zusammenfassen, in denen Personen zu Dirty Tricks greifen.

**Besiegen statt siegen**

Vielen Menschen reicht es nicht aus, jemanden zu besiegen. Ihnen geht es auch um die Demütigung. Um einen Sieg zu erlangen, reichen Strategien, die gesellschaftsfähig sind. Um zu demütigen, muss man Dirty Tricks einsetzen, die dazu führen, dass der Gesprächspartner das Gesicht verliert.

### Selbstschutz

Bevor jemand, der bereits mit dem Rücken zur Wand steht, aufgibt und dann vielleicht sogar seine Existenz verliert, wird er eher mit aller Macht und den ihm zur Verfügung stehenden Mitteln zurückschlagen.

### Gesichtsverlust

Wer Angst hat, zu versagen, das Gesicht zu verlieren, reagiert oft empfindlich und schlägt zurück.

### Menschen verachten

Wer Menschen grundsätzlich nicht mag, sogar verachtet oder hasst, ist davon getrieben, andere zu schädigen, um dadurch wenigstens eine gewisse Genugtuung zu bekommen.

### Frust überblenden

Wer frustriert und mit dem eigenen Leben nicht zufrieden ist, gönnt anderen Menschen kein Glück. Also wird sein

Ziel sein, andere zu schädigen. Die Genugtuung kompensiert die Frustgefühle.

## Reine Überzeugung

Wenn Menschen von etwas so sehr begeistert sind, dass sie euphorisch werden und keine anderen Argumente mehr hören wollen, verteidigen sie ihre eigenen Ideen oft intuitiv mit allen Mitteln. Sie sind manchmal die schwierigsten Gesprächs- und Verhandlungspartner.

## Aus Opfern werden Täter

Wer selber oft ausgetrickst wurde, sieht meist keine andere Möglichkeit mehr, als selber zu tricksen. Hier spricht man von der sogenannten Passiv-Aktiv-Umkehrung – das passive Opfer wird aktiver Täter. Dieses Verhalten ist eine Art Aufrüstung vor der Überzeugung, dass man ohne Dirty Tricks in der Gesellschaft untergehen würde.

Wenn Sie diese Eigenschaften bei Ihrem Gesprächpartner erkennen, unterstützen Sie Ihr Frühwarnsystem und können leichter kontern.

# Eine Phänomenologie der schmutzigen Tricks

Dirty Tricks sind mittlerweile ein gesellschaftliches Thema; nicht nur im Berufsleben wird mit unfairen Mitteln in der Kommunikation gearbeitet. Dass man es jedoch mit Menschen zu tun hat, die ihrerseits wiederum Bedürfnisse und Gefühle haben, gerät schnell in Vergessenheit. Dieser Entwicklung möchte man als »Gutmensch« gern etwas entgegensetzen, um nicht an der Welt und den »Schlechtmenschen« zu verzweifeln oder zu resignieren.

Um mit den schmutzigen Tricks umgehen zu können, muss man sie jedoch erst einmal kennen: Wo treten die Dirty Tricks konkret auf, wer macht was mit wem – und warum?

Werfen wir einmal einen Blick auf die verschiedenen Bereiche, in denen bevorzugt mit Tricks gearbeitet wird:

### Mitarbeiter/Chefs

Chefs (hier sind alle Führungskräfte gemeint) sind in der Regel Mitarbeitern gegenüber in der besseren Position, denn sie haben offiziell – kraft ihres Amtes – die Macht. Mitarbeiter hingegen sind Empfänger von Anweisungen und Zielen, an sie wird delegiert, sie haben eine geringere Entscheidungsbefugnis. Das ist auch in Ordnung, solange die Chefs eine Win-Win-Situation anstreben, von der beide Parteien profitieren. Solange einigermaßen die Waage gehalten wird, besteht kein Grund, sich zu wehren. Hat der Mitarbeiter aber das Gefühl, auf Dauer zu den Verlierern zu gehören, wird er sich wehren. Allerdings: Die Zeiten, in denen alle Mitarbeiter solidarisch auf die Barrikaden gingen, sind vorbei. Jeder kämpft überwiegend für sich alleine. Da offener Kampf allerdings gefährlich ist, bedienen sich die meisten Mitarbeiter der Guerilla-Taktik – und der Dirty Tricks, die in diesem Buch beschrieben werden.

Die Ergebnisse einer Gallup-Studie belegen, wie hoch die Zahl derer tatsächlich ist, die sich an ihrem Arbeitsplatz nicht wohl fühlen: 87 Prozent der Beschäftigten in Deutschland sind mit ihrem Job sehr unglücklich. Fast jeder Fünfte ist emotional überhaupt nicht an seinen Arbeitgeber gebunden, hat innerlich gekündigt und arbeitet sogar aktiv gegen die Interessen seines Unternehmens. Weitere 68 Prozent fühlen sich laut Gallup ihrem Arbeitgeber nur wenig verpflichtet. Zwar sabotieren diese Mitarbeiter das Unternehmen nicht aktiv, schieben jedoch Dienst nach Vorschrift. Nur 13 Prozent aller Arbeitnehmer in Deutschland haben eine hohe emotionale Bindung zum Arbeitgeber, und nur sie gelten als wirklich produktiv.

Es gibt einige typische Fehler von Vorgesetzten, die eine heftige Reaktion der Mitarbeiter geradezu herausfordern. Billige Arbeitskräfte gibt es scheinbar in Hülle und Fülle, und diese Situation hat offenbar vielen Führungskräften den

Blick dafür verstellt, dass Führungskompetenz auch Sozialkompetenz ist und Lob, Wertschätzung und ein vorbildliches Verhalten selbstverständlich sein sollten.

Wenn ein Chef mit Kündigung droht, anstatt den Mitarbeiter zu motivieren und eine Vision zu vermitteln, wenn er sich für die Leistungen seiner Mitarbeiter bewundern lässt, ohne diese selbst ausreichend zu würdigen, oder gar der Meinung ist, die Erfolge der Mitarbeiter seien ohnehin nur auf seinen hervorragenden Führungsstil zurückzuführen, mag unter den Mitarbeitern zwar scheinbare Ruhe herrschen. Doch unter der Oberfläche brodelt es, und die Frustration ist groß.

Wenn dem Mitarbeiter kaum oder keine Möglichkeit gegeben wird, seine Fähigkeiten zu entfalten, und seine Talente nicht erkannt werden, sorgt das ebenfalls für enorme Demotivation.

Ein Chef, dessen Entscheidungen grundsätzlich nicht in Frage gestellt werden dürfen, führt seine Mitarbeiter nicht, sondern nutzt lediglich seine Machtposition – auch in diesem Fall ist Demotivation vorprogrammiert.

Wird seitens des Chefs völlig auf Wertschätzung verzichtet, wird sich ein Mitarbeiter mittelfristig die Bestätigung woanders suchen.

Verhaltensweisen wie die geschilderten führen nicht selten dazu, dass Vorgesetzte auf der »Hass-Liste« der Mitarbeiter die oberen Plätze einnehmen; und da es oftmals unmöglich ist, offen gegen Fehlverhalten der Führungsriege vorzugehen, und mit der Solidarität der Kollegen auch nicht immer zu rechnen ist, setzen sich viele mit verdeckten Mitteln zur Wehr – mit Dirty Tricks.

Die Skrupel sind in einem solchen Fall verständlicherweise sehr gering, da der Betroffene mit dem Rücken zur Wand steht und um die eigene Existenz kämpft.

## Mitarbeiter und Kollegen untereinander

Gute Jobs sind rar und hart umkämpft.

Jedermann kennt das Sprichwort »Im Krieg und in der Liebe ist alles erlaubt«, und dieser Spruch ließe sich gut um den Begriff Karriere erweitern. Die wenigsten würden für ihren beruflichen Erfolg offen und frontal kämpfen, sondern eher Taktiken und Strategien nutzen, die man als unfein bis unsauber bezeichnen könnte. Ein Extrem ist das Mobbing. Meistens bemerkt das Mobbing-Opfer die Attacke erst, wenn es zu spät ist und die Wahl auf den taktierenden Kollegen gefallen ist, der nun lächelnd die neue und begehrte Position einnimmt.

Dirty Tricks kommen auch dann ins Spiel, wenn der Ehrgeiz eines Kollegen deutlich größer ist als dessen tatsächliche Fähigkeiten. Wer schon einmal mit schmutzigen Tricks im beruflichen Umfeld konfrontiert wurde – und das wurden heutzutage die meisten Berufstätigen –, kann ein Lied davon singen, wie niedrig Hemmschwellen selbst bei denen sind, von denen man es nicht erwartet hätte. Der beste Freund, die beste Freundin, der nette Kollege, die freundliche Kollegin fallen einem von heute auf morgen in den Rücken – und man selber fällt aus allen Wolken.

Und ganz zu schweigen von den miesen Tricks, die so subtil eingesetzt werden, dass sie in den meisten Fällen noch nicht einmal entlarvt werden können.

**Kunde/Verkäufer**

Auch zwischen Kunden und Verkäufern herrscht, positiv ausgedrückt, ein Wettkampf.

Der Kunde, der sich vom Verkäufer beraten lässt, sucht die bestmögliche Qualität zum niedrigsten Preis. Der Verkäufer wiederum verfolgt das genau entgegengesetzte Ziel. Er möchte zwar auch die entsprechende Qualität liefern, aber zum bestmöglichen Preis. Und so greifen beide in die Trickkiste: Es wird gelogen und geblufft. Keine der beiden Parteien hat irgendwelche Konsequenzen zu befürchten. Möchte der Kunde ohnehin nur einmalig investieren, beispielsweise in ein Haus, muss der Verkäufer schon gar nicht auf langfristige Kundenbindung setzen. Hier ist die Verlockung besonders groß, sich Vorteile zu verschaffen. Sind Verkäufer und Kunde an einer langfristigen Zusammenarbeit interessiert oder sogar davon abhängig, werden sie sehr viel engagierter eine Win-Win-Situation anstreben. Aber davon abgesehen steht für den Verkäufer der bestmögliche Preis immer dann im Vordergrund, wenn seine Provision davon abhängt.

Auch der Käufer hat nicht nur den Preis im Fokus. Vielleicht möchte er einfach als Sieger aus dem Verkaufsgespräch gehen und seinen Freunden und Bekannten ein Schnäppchen präsentieren. Manche Kunden gehen von vornherein davon aus, dass der Verkäufer mit manipulierenden Taktiken arbeitet, und rüsten einfach nach. Oft sieht der Kunde den Verkäufer – oder umgekehrt – auch in einer Machtposition und wehrt sich entsprechend. Und auch Kompetenzgerangel kann dazu führen, in die Trickkiste zu greifen.

Abgesehen davon gibt es natürlich auch Menschen mit einem kriminellen Grundverhalten, die Spaß daran haben, andere zu betrügen.

## Vertrieb und Einkäufer/Key Accounting

In einem professionellen Einkaufsgespräch haben wir es mit einer anderen Qualität von manipulativen Techniken zu tun. Beide Gesprächspartner sind Profis, die in spezifischen Seminaren geschult werden, um zu siegen. Waren noch vor Jahren beide Parteien üblicherweise daran interessiert, langfristig miteinander zu arbeiten, so hat sich das Klima heute spürbar geändert. Obwohl in solchen Verhandlungen auch hin und wieder auf die »vertrauensvolle Zusammenarbeit« hingewiesen wird, hat diese Absichtserklärung nichts mit der Realität zu tun. In der Regel wird sie dazu benutzt, den Preis noch weiter zu drücken. Immer mehr Einkäufer legen immer weniger Wert auf eine tatsächliche langfristige Bindung; für sie ist der Vertriebler austauschbar wie eine Ware. Durch den internationalen Wettbewerb kann man jederzeit jeden Lieferanten und jede Ware innerhalb kürzester Zeit ersetzen. Hinzu kommt, dass Einkäufer ein Minimum an Rabatten und Nachlässen erreichen müssen, um sich nicht Ärger mit ihren Chefs einzuhandeln. Deshalb manipulieren selbst solche Einkäufer, die sehr viel lieber persönlich und langfristig mit dem Lieferanten arbeiten würden.

Auch der Vertrieb steht massiv unter Druck; also muss er mitspielen, die Tricks und Fallen seines »Kontrahenten« erkennen und entsprechend kontern. Seine jährliche Zielvereinbarung lässt ihm kaum Spielraum.

## Familie und Freundeskreis

Auch in den besten Familien wird getrickst – immer dann, wenn es eng wird und sachliche und konstruktive Konfliktlösungen scheitern.

Ein typischer Fall ist das Buhlen der Kinder um die Gunst der Eltern; leider spielen Eltern bisweilen die Kinder regelrecht gegeneinander aus. Und das hat tiefgreifende Konsequenzen: Diese Kinder werden für ihr Leben geprägt und reagieren später beispielsweise im Berufsleben ganz ähnlich, indem sie mit unsauberen Mitteln versuchen, ihr Ziel zu erreichen. Unter typischen Mobbing-Tätern finden Sie fast überwiegend Personen, die tatsächlich als Kind gezwungen waren, andere auszuspielen oder dieses Verhalten bei ihren Eltern beobachten konnten. Psychologen sprechen vom sogenannten *Imitationslernen*.

Ein klassischer Fall, in dem bevorzugt getäuscht und manipuliert wird, ist der Erbschaftsstreit. Die Gier nach Geld lässt so manchen Familienangehörigen hemmungslos tricksen – insbesondere dann, wenn die verwandtschaftlichen Beziehungen nicht sonderlich innig sind.

Auch bei typischen Nachbarschaftsstreits wird in die Trickkiste gegriffen – sogar während gerichtlicher Verfahren.

Manipuliert und gebluff wird also in allen Bereichen des Lebens. Und dieses Phänomen ist beileibe nicht neu – doch die gesellschaftliche Akzeptanz solcher Tricks ist heute weitaus größer, was nicht zuletzt mit dem steigenden Erfolgs- und Leistungsdruck, mit der zunehmenden Existenzangst und dem Gefühl der Ohnmacht angesichts von Ungerechtigkeit zu tun hat, mit dem viele Menschen heutzutage konfrontiert werden.

Wir alle haben also unsere moralischen Grenzen spürbar verschoben. Um das zu legitimieren, können wir eine ganze Reihe von Gründen nennen – wir werden schließlich selbst ständig provoziert und ausgetrickst. Also müssen wir uns wehren, um nicht in diesen täglichen Auseinandersetzungen zu unterliegen.

Dies alles ist verständlich und logisch; doch wohin soll das noch führen? Schaden wir uns nicht auf Dauer selbst? Sollten wir nicht wieder auf die Nachhaltigkeit bauen, auf ein vertrauensvolles Miteinander, auf langfristige Zusammenarbeit?

Es muss sich etwas ändern – in unserer Kommunikation und unserem Umgang miteinander, denn sonst wird unsere Gesellschaft ernsthaft Schaden nehmen.

Wenn jeder sein moralisches Empfinden überprüft und die schmutzigen Tricks anderer erkennt, entlarvt und fair kontert, wird sich etwas verändern, und wir alle werden von dieser Veränderung profitieren.

**Dirty Tricks, mit denen Sie im Berufsalltag konfrontiert werden – Fallbeispiele, Analysen und Schutzmechanismen**

So mancher schmutzige Trick in der Kommunikation dient nur dazu, das Gegenüber für einen Moment zu verunsichern oder zu verwirren – andere Taktiken sorgen hingegen für verbrannte Erde, stellen den Gesprächspartner bloß und machen eine Wiederaufnahme des Gesprächs unmöglich.

Sicherlich ist es höchst subjektiv, wie schwerwiegend man eine verbale Falle einschätzt; dennoch lassen sich die Kommunikationstricks grundsätzlich hinsichtlich ihres Härtegrads und ihrer Bösartigkeit kategorisieren. Diese Kategorisierung finden Sie im Anhang des Buches.

Auf den folgenden Seiten werden die gängigsten Dirty Tricks anhand von Fallbeispielen geschildert und analysiert. Es geht jedoch nicht darum, Sie zu einem weiteren Täter zu machen – im Gegenteil. Wenn Sie die verbalen Strategien der anderen durchschauen, werden diese Taktiken eher zur Falle für den, der sie anwendet. Je besser Sie die einzelnen Tricks kennen und entlarven können, desto souveräner können Sie auf Ihren Gesprächspartner reagieren und die Tricks aushebeln.

Am Ende des Buches finden Sie noch einmal alle Dirty Tricks in einer Tabelle zusammengefasst. Diese Tabelle ist hilfreich für Ihre tägliche Arbeit und unterteilt jeden Trick noch einmal nach der Methode, dem Vorgehen Ihres Gegenübers, den möglichen Schutzmechanismen, dem Transaktionszustand sowie dem schon erwähnten Härtegrad.

# Dirty Tricks, die Ihre Gefühle verletzen sollen

## Entzug der Wertschätzung

Die folgenden Dirty Tricks haben zum Ziel, Ihre Gefühle zu verletzen und Ihnen anstelle von Wertschätzung Geringschätzung entgegenzubringen.

Das Ziel Ihres Angreifers: Ihr Selbstbewusstsein soll geschwächt werden, Sie sollen sich minderwertig fühlen. Ihre Position verliert an Stärke, Sie können sich nicht mehr auf das Gespräch konzentrieren und beginnen im schlimmsten Fall um die Gunst des anderen zu buhlen. Dadurch geraten Sie schnell in eine Verhandlungsposition, in der Sie mehr Zugeständnisse machen als geplant.

# Die Körpersprache im Machtspiel

**Die Story:**

Herbert Mertens wird vom neuen Einkaufschef seines Kunden zu einem Gespräch gebeten. Dieses Unternehmen betreut Mertens schon lange, alle Einkäufer und auch weitere Mitarbeiter sind ihm bekannt, und er pflegt ein gutes Verhältnis zu ihnen. Neu für ihn ist lediglich der Einkaufschef, Herr Herres, der vor einem Monat in das Unternehmen gekommen ist.

Im Büro des Einkaufschefs verläuft die Begrüßung anders, als Herr Mertens es von dessen Vorgänger gewohnt ist. Sein Gesprächspartner empfängt ihn mit auffallend breitbeinigem Stand, beide Hände in die Hüfte gestützt. Er schüttelt Herrn Mertens zwar die Hand, stößt sie aber ein Stück von sich weg.

Der Volksmund sagt: Der erste Eindruck zählt. Und Herr Mertens hat den Eindruck, es mit einem überaus arroganten und überheblichen Menschen zu tun zu haben.

Am Besprechungstisch sitzen sich die beiden gegenüber, und Herr Herres kommt gleich zur Sache: »Herr Mertens, ich will gar nicht erst lange herumreden. Sie betreuen uns bereits seit sieben Jahren, und ich will Ihnen hier einmal gute Qualität und guten Service unterstellen, sonst hätte die Geschäftsbeziehung sicherlich nicht so lange angedauert. Aber wie Sie wissen, sind die Zeiten härter geworden, die Margen enger, deshalb müssen wir heute über den Preis sprechen.«

Während Herr Herres spricht, fällt Herrn Mertens dessen Gestik auf. Der Einkaufschef erhebt den Finger wie ein

Schulmeister. Dennoch lässt sich Herr Mertens nicht irritieren und erläutert souverän die Preisgestaltung.

Herr Herres hört zu, doch während Herr Mertens seine Argumente darlegt, macht er wiederholt eine wegwerfende Handbewegung, wehrt mit offenen Handflächen ab und verschränkt nach einer Weile die Hände im Nacken. Er legt die Beine übereinander und lehnt den Oberkörper weit zurück.

Und nach all diesen nonverbalen Signalen kommentiert Herr Herres nun die Ausführungen von Herrn Mertens: »Über Ihre Preisvorstellung brauchen wir gar nicht weiter zu diskutieren, sie ist undiskutabel. Auf dem Markt weht ein rauer Wind, und das gilt auch für Sie!«

Dann dreht sich Herres weg und lässt sein Gegenüber weiterreden.

Das Ziel des Einkaufschefs ist klar: Er möchte Herrn Mertens verunsichern. Sein Dominanzverhalten soll das Selbstbewusstsein seines Gesprächspartners so sehr schwächen, dass dieser dankbar ist, wenn Herres' Körpersprache wieder in Wohlwollen umschlägt, und die Zugeständnisse macht, die von ihm verlangt werden.

In Gesprächen und Verhandlungen, bei denen Ihr Gesprächspartner Ihre Position schwächen möchte, werden oftmals solche körpersprachlichen Signale eingesetzt. Sobald Sie verunsichert sind und nicht entsprechend kontern können, sind Sie möglicherweise froh, überhaupt noch in irgendeiner Form einen Abschluss tätigen zu können.

Samy Molcho, Experte für Körpersprache und Autor zahlreicher Bücher zu diesem Thema, beschreibt anhand einprägsamer Bilder drei weitere Gesten, die häufig in körpersprachlichen Machtspielen eingesetzt werden:

**Der Eisbrecher:** Man formt mit den Fingerspitzen eine Pyramide und senkt diese Pyramide nach vorn. Aus der Sicht des Angegriffenen wirkt sie wie ein Keil, wie der Bug eines Eisbrechers. Die nach vorn gerichtete Spitze weist ab, droht, attackiert den Gesprächspartner. Gleichzeitig lenken die Unterarme alle Argumente und Einwände ab.

**Die Pistole:** Beide Zeigefinger zielen wie der Lauf einer Waffe nach vorne, beide Daumen sind aufwärts gespannt, die übrigen Finger zum Griff verschränkt.

**Das Stachelschwein:** Die ineinander verschränkten Finger spreizen sich und zeigen abwehrend ihre Spitzen.

Herr Herres wird aus dem Gespräch als Sieger herausgehen, wenn Herr Mertens sich durch die körpersprachlichen Signale verunsichern lässt, die Taktik nicht durchschaut und sich aufgrund dieses emotionalen Wechselbads unterordnet.

Körpersprachliches Dominanzverhalten soll Sie einschüchtern; doch Sie können dieses Spiel durchschauen und kontern. Wenn Ihnen in einem Gespräch oder einer Verhandlung zwei- oder dreimal hintereinander solche Gesten unangenehm auffallen, dann thematisieren Sie diese Signale:

»Warum trommeln Sie ungeduldig mit den Fingern?«

»Sie nehmen eine ablehnende Haltung ein, was passt Ihnen nicht?«

Dadurch zwingen Sie den anderen dazu, sich gewissermaßen ein Stück zu »outen« und angreifbarer zu machen. Außerdem verunsichern Sie Ihren Gesprächspartner, indem Sie seine Taktik als solche entlarven. Zusätzlich können Sie auch klar darauf hinweisen, dass Ihnen solche Kommunikationstechniken bekannt sind. In den meisten Fällen wird Ihr Verhandlungspartner von seiner Strategie Abstand nehmen – vor allem, wenn Sie ihn mit einem Augenzwinkern enttarnen, so dass er nicht sein Gesicht verliert.

In seltenen Fällen wird Ihr Gesprächspartner trotz des Augenzwinkerns den Kontakt zu Ihnen komplett abbrechen. Sollten Sie dies befürchten, müssen Sie abwägen, ob Sie auf einen solchen Kunden verzichten können. Wollen Sie die Geschäftsbeziehung trotz dieser Manipulation aufrechterhalten, bleibt Ihnen nur eine Möglichkeit: Machen Sie sich während des Gesprächs immer wieder klar, dass Ihr Gegenüber ein Spiel spielt. Das hilft Ihnen, souverän zu bleiben und sich nicht durch diese körpersprachlichen Signale beeinflussen zu lassen. Schauen Sie einfach immer wieder auf Ihre Unterlagen; was Sie nicht im Blickfeld haben, kann Sie auch nicht negativ beeindrucken.

### Kurzüberblick: Körpersprache im Machtspiel

**Angriff:** Durch körpersprachliche Signale, wie zum Beispiel ungeduldiges Trommeln mit den Fingern, einen zurückgelehnten Oberkörper, im Nacken verschränkte Hände oder belehrende Gesten soll Ihr Selbstbewusstsein geschwächt werden.

**Kontern:** Weisen Sie je nach Situation ruhig, souverän oder aber mit einem Augenzwinkern Ihren Gesprächspartner darauf hin, dass Sie sein Spiel, seine Taktik durchschauen. Besonders durch das Augenzwinkern werden Sie in den meisten Fällen Ihren Gesprächspartner dazu bringen, auf diese Taktik zu verzichten, ohne ihn zu brüskieren. Oftmals verschaffen Sie sich sogar Respekt – Sie sind ein gleichwertiger »Gegner«.

Bei sehr empfindlichen Gesprächspartnern, bei denen die Gefahr eines Kontaktabbruchs besteht, müssen Sie jedoch anders reagieren: Sagen Sie sich zum eigenen Schutz immer wieder, dass es sich bei dem Verhalten Ihres Gegenübers letztendlich um ein Spiel handelt, dessen Ziel Sie durchschaut haben.

## Die Suggestiv-Mimik

**Die Story:**

Bleiben wir noch eine Zeit lang bei unserem Verhandlungsgespräch zwischen dem Vertriebler und dem Einkaufschef. Wenn der Einkaufschef Herr Herres seinen Gesprächspartner noch stärker verunsichern möchte, nutzt er die Suggestiv-Mimik: Er schaut demonstrativ an Herrn Mertens vorbei und grinst, wenn sich die Blicke treffen.

Wenn Herr Mertens auf den Preis zu sprechen kommt und auf die Qualität der Produkte eingeht, gähnt Herr Herres demonstrativ, schaut skeptisch und wiegt den Kopf dabei hin und her.

Herr Mertens ist nicht unbeeindruckt von diesen Gesten: Er fühlt sich abgewertet, und es fällt ihm immer schwerer, das Gespräch konzentriert zu führen. Eine weitere Verschärfung der Suggestiv-Mimik: Herr Herres schaut seinen Gesprächspartner von der Seite mit zusammengezogenen Augenbrauen an, dann lehnt er den Kopf zurück, zieht die Augenbrauen hoch, schaut anschließend wütend, dann wieder skeptisch.

Ganz klar: Diese verschiedenen Suggestiv-Mimiken schwächen genau wie die Körpersprache spürbar das Selbstbewusstsein und die Souveränität von Herrn Mertens.

Eine weitere Variante dieser Taktik schilderte mir einer meiner Kunden: »Mein Gesprächspartner ignorierte offensichtlich die Kommunikation, indem er demonstrativ nicht zuhörte, und führte parallel zum ›Gespräch‹ völlig andere Tätigkeiten aus. Er beendete das Gespräch sinngemäß mit Floskeln wie ›Kann ich sonst noch etwas für Sie tun?‹ oder ›Gibt es sonst noch etwas?‹.«

Die Mimik eines anderen Menschen dient uns zur Orientierung, zur Einschätzung einer Situation – und wenn Ihr Kontrahent körpersprachliche Elemente geschickt dosiert einsetzt, werden Sie fast unmerklich beeinflusst und ziehen möglicherweise völlig falsche Schlüsse aus seinem Verhalten.

Das geschilderte Dominanzverhalten soll Sie so sehr verunsichern, dass Sie auf jede Geste der Zustimmung seitens Ihres Gesprächspartners dankbar reagieren. Denn sobald Sie »weichgekocht« sind, ändert Ihr Gesprächspartner seine Strategie; er signalisiert Wohlwollen und Aufgeschlossenheit. Wenn Sie nun darauf eingehen, ändert sich möglicherweise die Taktik erneut, Sie werden abermals mit Ablehnung und Skepsis konfrontiert.

Um dieses Wechselspiel auszuhalten und Manipulation abzuwehren, sprechen Sie die Situation an und kontern Sie mit einem sachlichen, freundlichen oder augenzwinkernden Hinweis darauf, dass Sie diese Taktik durchschaut haben.

In einigen Fällen können Sie selbst auch auf einige körpersprachliche und mimische Signale zurückgreifen – aber nur, um dem Gegenüber zu verstehen zu geben, dass Sie die Spielregeln kennen und sich davon nicht beeindrucken lassen.

 **Kurzüberblick: Suggestiv-Mimik**

**Angriff:** Ihr Gesprächspartner schaut demonstrativ an Ihnen vorbei, grinst, wiegt den Kopf skeptisch hin und her, wirkt wütend, zieht die Augenbrauen zusammen oder nach oben.

**Kontern:** Weisen Sie je nach Situation ruhig, souverän oder aber mit einem Augenzwinkern Ihren Gesprächspartner darauf hin, dass Sie sein Spiel, seine Taktik durchschauen. Besonders durch das Augenzwinkern werden Sie in den meisten Fällen Ihren Gesprächspartner dazu bringen, auf diese Taktik zu verzichten, ohne ihn zu brüskieren.

Bei sehr empfindlichen Gesprächspartnern, bei denen die Gefahr eines Kontaktabbruchs besteht, müssen Sie jedoch anders reagieren: Sagen Sie sich immer wieder, dass es sich bei dem Verhalten Ihres Gegenübers letztendlich um ein Spiel handelt, dessen Ziel Sie durchschaut haben.

# Du-Offensive und Ich-Defensive

**Die Story:**

Sie sind Leiter der Vertriebsabteilung und auf dem Weg zu einem Kunden, der als schwierig gilt. Einer Ihrer Mitarbeiter ist bereits an diesem Kunden gescheitert und hat Sie gebeten, selbst noch einmal zu versuchen, mit dem Kunden ein ergebnisreiches Gespräch zu führen. Der Kunde ist Juniorchef eines mittelständischen Unternehmens mit den entsprechenden Entscheidungsbefugnissen. Ihr Mitarbeiter hat ihn als arrogant, grenzüberschreitend und herabwürdigend beschrieben. Sie selbst haben sich jedoch vorgenommen, vorurteilsfrei an das Gespräch heranzugehen.

Nach Ihrer Ankunft werden Sie in das Büro des Juniorchefs geführt; nach einer knappen Begrüßung kommt er bereits mit den Worten »Zeit ist Geld« auf das Thema zu sprechen. »Sie haben mir ein Angebot zukommen lassen, mit dem ich mich nicht anfreunden kann. Das hatte ich bereits Ihrem Mitarbeiter ganz klar und eindeutig mitgeteilt. Wenn Sie gekommen sind, um mich umzustimmen, dann haben Sie sich umsonst bemüht.«

Sie versuchen nun, mit dem Kunden ins Gespräch zu kommen: »Ich würde dennoch gerne noch einmal über den Preis sprechen.«

Seine kurze Antwort: »Sie haben mich wohl falsch verstanden. Wir brauchen überhaupt nicht mehr über den Preis zu reden, meiner steht fest, Ihrer ist indiskutabel.«

Sie starten einen weiteren Versuch: »Bei dem Preis ist es wichtig, unsere Qualität und unseren Service zu berücksichtigen.«

Darauf folgt eine barsche Erwiderung: »Sie sollten Ihre Qualität und Ihren Service dringend einmal überprüfen!«

Sie verteidigen sich: »Unser Service unterscheidet sich deutlich von dem der Wettbewerber.«

Der Juniorchef kontert: »Sie wissen doch gar nicht, wovon Sie sprechen! Sie sollten nicht ständig auf Ihrer angeblichen Qualität und auf Ihrem angeblichen Service bestehen!«

Im Verlaufe dieses Gespräches fühlen Sie sich zurechtgewiesen, fast schon wie ein dummer Schuljunge. Und genau das ist das Ziel des Juniorchefs. Er arbeitet mit sogenannten Du-Botschaften.

In der Kommunikation gibt es zwei Arten von Botschaften: Du-Botschaften und Ich-Botschaften. Du-Botschaften benutzen zwar, wie der Name schon sagt, den Begriff »Du«, werden jedoch auch als »Sie-Botschaften« eingesetzt:

»Sie haben mich falsch verstanden!«

»Sie haben doch eben erst behauptet …«

»Sie sind doch immer derjenige …«

Du-Botschaften wirken immer wie eine Schuldzuweisung, wie eine Kritik oder Tadel. Dieses Phänomen kennen wir aus unserer Kindheit; Kinder werden von Eltern oder Lehrern ausnahmslos über Du-Botschaften kritisiert.

»Du redest immer dazwischen.«

»Du gehst jetzt auf dein Zimmer!«

»Du hast nicht gelernt.«

»Du störst den Unterricht.«

Wenn Sie an Ihre Kinder- oder Schulzeit zurückdenken, werden Ihnen sicherlich noch mehr solcher Du-Botschaften einfallen. Diese Botschaften sind in unserem Unterbewusstsein manifestiert und lösen negative Gefühle aus. Wer so angesprochen wird, fühlt sich angegriffen, getadelt, geohrfeigt, sogar minderwertig und unterlegen – und hat den Impuls, sich zu wehren.

Genau das passiert, wenn der Juniorchef zwar sachlich, aber ganz gezielt Du-Botschaften sendet. Seine Kritik führt bei Ihnen zu einer steigenden Aggression.

Die folgenden Du-Botschaften wird der Juniorchef im Laufe des Gespräches immer wieder verwenden:

»Sie haben mich falsch verstanden!«

»Sie sollten nicht darauf bestehen, denn das ist lächerlich.«

»Sie haben doch eben erst behauptet …, also bleiben Sie bitte dabei.«

»Sie sind nicht in der Lage …«

»Sie sind doch immer derjenige …«

»Sie wissen doch gar nicht, wovon Sie sprechen.«


Und er erreicht sein Ziel: Sie fühlen sich schuldig, rechtfertigen sich, werden gegebenenfalls aggressiv und damit unvernünftig und verlieren den Blick für eine zielgerichtete Verhandlungsführung. Wenn Sie Ihrem Gegenüber in diesem Moment die Gesprächsführung überlassen, haben Sie verloren. Der Juniorchef wird sehr deutlich spüren, wie Ihr Selbstbewusstsein schwindet – Ihre Körpersprache und auch der Klang Ihrer Stimme werden Sie verraten. Wenn er sich Ihnen dann plötzlich zuwendet und einen freundlichen Ton anschlägt, sind Sie möglicherweise zu erheblichen Zugeständnissen bereit.

Aber Sie können auch diese Situation entschärfen, indem Sie entsprechend kontern.

Nageln Sie Ihren Gesprächspartner durch Fragen fest: »Was genau habe ich Ihrer Meinung nach falsch verstanden?«

Bauen Sie eine »Fragen-Straße«: »Wo genau mangelt es denn Ihrer Ansicht nach bei unserem Service? Warum sind Sie mit unserer Qualität denn nicht zufrieden?« Lassen Sie sich nicht durch Pauschalantworten abspeisen, sondern fühlen Sie Ihrem Gesprächspartner durch Detailfragen höflich, aber bestimmt auf den Zahn.

So stellen Sie die Du-Botschaften Ihres Kontrahenten als subjektive Meinungsäußerung dar.

Stattdessen können Sie auch sogenannte Ich-Botschaften einsetzen, um die Spannung aus dem Gespräch herauszunehmen.

Ich-Botschaften eignen sich besonders zur Abwehr der unangenehmen Du-Botschaften:

»Habe ich Sie möglicherweise falsch verstanden?«

»Ich fühle mich in die Enge gedrängt.«

»Ich fühle mich unfair behandelt.«

»Ich bin mir nicht sicher, ob das der richtige Weg ist.«

Solche Aussagen erzeugen keine Aggression, sondern eher Verständnis oder sogar Mitgefühl. Und hier liegt die Chance der positiven Klärung, da keiner der beiden Verhandlungspartner das Gesicht verliert.

Natürlich könnten auch Sie Ihr Gegenüber mit Du-Botschaften attackieren, doch das führt zur Eskalation und nicht zu einer Lösung des Konflikts. Wenn Sie jedoch geschickt mit Fragen und Gegenfragen kontern, sind Sie ein ernst zu nehmender und starker Gesprächspartner.

## Kurzüberblick:
## Du-Offensive und Ich-Defensive

**Angriff:** Der Angriff erfolgt über Du-Botschaften:

»Sie haben mich falsch verstanden!«

»Sie sollten Ihre Behauptung dringend einmal überprüfen!«

»Sie wissen doch gar nicht, wovon Sie sprechen.«

»Sie haben keinen Bezug zur Realität!«

»Was Sie hier sagen, ist für mich nicht relevant!«

**Kontern:** Fangen Sie Du-Botschaften durch Ich-Botschaften ab, so entschärfen Sie die Situation.

Beispiel:

»Sie sollten nicht darauf bestehen!«

»Ich möchte Ihnen nur klarmachen, welchen Standpunkt ich vertrete und aus welchem Grund ich das tun muss.«

Ebenso können Sie Ihr Gegenüber mit Fragen festnageln:

»Was meinen Sie damit?«

»Was genau wollen Sie mir damit sagen?«

# Dirty Tricks, die Existenzängste schüren

## Angst ist ein schlechter Berater

Die folgenden Dirty Tricks arbeiten mit der Angst vor dem Verlust der Existenz. Sicherlich hat dieses Gefühl die meisten Menschen schon einmal beschäftigt. Wer bei einem Gesprächspartner Existenzängste schürt, schwächt den anderen erheblich. Je raffinierter und subtiler ein Verhandlungspartner vorgeht, umso leichter wird man ihm in die Falle gehen, und zwar genau dann, wenn er ein Angebot macht, das den Kontrahenten von der belastenden Angst befreit.

Und da jeder im täglichen Kampf um seine Existenz – oft auch die der eigenen Familie – steht, sind diese Tricks äußerst wirksam, selbst bei erfahrenen und gestandenen Persönlichkeiten.

# Der Autoritätsbeweis

**Die Story:**

In einem Verhandlungsgespräch zwischen Einkauf und Vertrieb sollen erneut Preise vereinbart werden. Der Vertriebsmitarbeiter sucht seinen Kunden auf, und nach einer kurzen Begrüßung sitzt er im Besprechungsraum gleich drei Einkäufern gegenüber.

Dieses Ungleichgewicht ist respekteinflößend. Die drei Einkäufer schauen ernst und konzentriert und kommen sehr schnell auf die Konditionen zu sprechen.

Der Vertriebsmitarbeiter rechtfertigt seinen Preis mit der Qualität, dem guten Service und der langfristigen Zusammenarbeit.

Diese Argumente sind natürlich bei Einkäufern unbeliebt; also müssen sie genau hier den Hebel ansetzen: »Wir haben eine statistische Auswertung Ihres Service in den letzten zwölf Jahren anfertigen lassen. So außerordentlich, wie Sie Ihren Service darstellen, ist er aus unserer Sicht leider nicht. Unsere Auswertung ergibt eine Durchschnittsnote von 2,5. Das würden wir auch ohne weiteres bei Wettbewerbern von Ihnen erreichen.«

Der entsprechende Einkäufer schaut sehr ernst, die anderen beiden nicken zustimmend und blicken auf den Vertriebskollegen herab.

Dieser erste Schuss vor den Bug zeigt in der Regel schon Wirkung.

Als Nächstes thematisiert ein Einkäufer die Qualität: »Wir haben uns natürlich auf dieses Gespräch vorbereitet und deshalb unseren Laborleiter die Qualität Ihrer Produkte ganz objektiv und mit wissenschaftlichen Methoden testen lassen – wir wollen ja nicht unfair sein. Leider muss ich Ihnen sagen, dass Prof. Dr. Schneider zu folgendem Resultat gekommen ist: Bei der Produktqualität erreichen Sie einen Durchschnittswert von 2,2. Natürlich ist das gut, aber nicht so einzigartig, wie Sie sagen. Unser Laborleiter hat auch die Produkte zweier Ihrer Wettbewerber getestet und kommt hier ebenfalls auf die Durchschnittsnoten 2,2 beziehungsweise 2,3. Ihre Qualität ist also für uns kein Argument, den Preis stabil zu halten, auch wenn wir Sie zu schätzen wissen.«

Und auch der dritte Einkäufer legt nach: »Auch unser Vorstandsvorsitzender ist nicht zufrieden. Er kennt die Ergebnisse der Qualitätsprüfung und auch unsere statistische Auswertung. Seine Anweisung lautet: Entweder gehen Sie runter mit dem Preis, oder wir wechseln zu einem günstigeren Wettbewerber mit gleicher Qualität.«

Diese Strategie ist ausgesprochen mies – wahrscheinlich haben weder die Qualitätsprüfung noch die statistische Auswertung wirklich stattgefunden. Möglicherweise hat lediglich der Vorstandsvorsitzende Druck ausgeübt. Dennoch: Die Autoritätsbeweise, mit denen hier gearbeitet wurden, zeigen in der Regel ihre Wirkung.

Von klein auf werden wir dazu erzogen, Autoritätspersonen zu respektieren. Wie geht es Ihnen, wenn Sie in Ihrer Post einen Brief von der Staatsanwaltschaft oder der Polizei entdecken? Auch wenn wir inzwischen erwachsen und mündig sind: Unterschwellig funktioniert die Einschüchterungstaktik immer noch.

Aussagen von Autoritätspersonen, besonders wenn sie drohend sind, können uns in Angst versetzen. Widerspruch fällt uns oftmals schwer, zumal wir Konsequenzen befürchten. Also strecken wir viel zu schnell die Waffen und geben nach.

Wie sehr wir (auch noch heute) auf Autoritätsbeweise reagieren, hat das bekannte Milgram-Experiment belegt:

Versuchspersonen (ganz normale Bürger der USA) wurde erklärt, es solle untersucht werden, welche Auswirkung Bestrafung auf das Lernen hat. Die Versuchspersonen sollten als Lehrer fungieren. In Wirklichkeit aber wurde getestet, inwieweit sich Menschen blind einer Autorität unterwerfen. Ein Schüler, der eine Liste von Assoziationspaaren lernen sollte, wurde bei schlechten Ergebnissen durch den »Lehrer« mit Stromschlägen bestraft, die dieser durch die Betätigung von verschiedenen Schaltern von 15 Volt (leichter Schock) bis 450 Volt (Lebensgefahr; bedrohlicher Schock) auslöste. Die Spannung wurde von Schalter zu Schalter um 15 Volt stärker. Das gesamte Experiment stand unter der Aufsicht einer Autoritätsperson, des Versuchsleiters. Das Ergebnis: Alle unterwarfen sich dieser Autorität mehr oder weniger. Lediglich ein Drittel der Versuchspersonen weigerte sich, die Schalter im Bereich 200 Volt bis 400 Volt zu betätigen, zwei Drittel lösten einen Stromstoß mit 450 Volt aus, obwohl vor der damit verbundenen Lebensgefahr gewarnt wurde.

Die Bereitschaft eines Menschen, sich einer Autorität und damit einem Autoritätsbeweis zu beugen, ist demnach erschreckend hoch. Das ist trotz antiautoritärer Erziehung für die meisten auch heute noch gültig.

Auch in der Werbung wird mit Autoritätsbeweisen gearbeitet; durch Hinweise wie »von Wissenschaftlern getestet« oder »Wissenschaftliche Untersuchungen haben ergeben …« wird eine vermeintlich hohe Qualität des Produktes suggeriert. Auch die Stiftung Warentest ist eine solche Autorität, und ihre Testergebnisse haben einen hohen Einfluss auf das Kaufverhalten.

Noch in den sechziger und siebziger Jahren galten Politiker als unangreifbare Autoritätspersonen; erst in den vergangenen dreißig Jahren begann die Demontage, nicht zuletzt ausgelöst durch Skandale wie Watergate.

Möchte ein Mensch Autorität ausstrahlen, muss er auf seinen Gesichtsausdruck achten; wer albern ist, wird nicht überzeugen. Wer ernst und seriös schaut, wird eher als Autorität akzeptiert.

Ein noch recht junges Experiment, das mir Seminarteilnehmer schilderten (die Quelle ist mir leider unbekannt), macht dies besonders deutlich: In einem Unternehmen wurde neben die Kaffeemaschine eine Kaffeekasse gestellt. Jeder Mitarbeiter sollte pro Tasse Kaffee 20 Cent in die Kasse werfen. Das Ergebnis war sehr enttäuschend, kaum jemand war der Aufforderung gefolgt. Daraufhin wurde über die Kasse ein Augenpaar geklebt, das jeden, der sich Kaffee nahm, ernst anschaute. Ab diesem Zeitpunkt war die Kaffeekasse immer voll – die anonyme Autorität des Augenpaars zeigte ihre Wirkung.

Die drei Einkäufer in unserem Fallbeispiel möchten mit dieser Taktik erreichen, dass ihre Preisforderungen fundiert, seriös und sachlich erscheinen. Der Vertriebsmitarbeiter soll die Behauptungen der Einkäufer gar nicht in Frage stellen. Und viele reagieren genauso: Sie akzeptieren Autoritäten, ohne deren Aussagen zu überprüfen – aus Unsicherheit und Angst vor möglichen Konsequenzen.

Dabei lassen sich gerade solche Taktiken leicht enttarnen; wenn Sie also mit »wissenschaftlichen Untersuchungen« konfrontiert werden, die »Herr Professor Dr. XY« durchgeführt hat, lassen Sie sich die Untersuchungsergebnisse ausführlich erläutern und gegebenenfalls sogar vorlegen. Fragen Sie genau nach, auf welcher Basis die Untersuchungen durchgeführt wurden, wann das geschehen ist, ob die Ergebnisse schon publiziert wurden und wer Auftraggeber dieser Studie war.

Ihr Kontrahent wird in aller Regel nicht in der Lage sein, Ihnen solche detaillierten Informationen zu geben – sein angeblicher Autoritätsbeweis war lediglich ein Bluff.

Sollte es tatsächlich Studien geben, sind deren Resultate oft wenig aussagekräftig oder bewusst tendenziös, was die Argumentation Ihres Gesprächspartners deutlich schwächt. Wenn Sie ganz sicher sind, dass die Gegenseite blufft, lassen Sie ruhig durchblicken – vielleicht mit einem Lächeln –, dass Sie die »Interpretation« durchschaut haben.

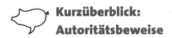
### Kurzüberblick: Autoritätsbeweise

**Angriff:** Autoritätsbeweise wie vermeintliche wissenschaftliche Untersuchungen durch renommierte Forscher oder statistische Auswertungen sollen Sie einschüchtern, Ihnen Respekt einflößen und Sie daran hindern, nachzudenken.

**Kontern:** Gehen Sie solchen Autoritätsbeweisen auf den Grund, lassen Sie sich die Ergebnisse ausführlich erläutern oder vorlegen – meistens existieren diese Studien nicht oder nicht in der erwähnten Form. Damit zwingen Sie Ihren Gesprächspartner, sich zu erklären und zu rechtfertigen.

## Einbruch in die Tabuzonen

**Die Story:**

Vor einigen Jahren wurde ich zu einem unserer Kunden gebeten und dort mit einem neuen Verhandlungspartner konfrontiert. Dieser war, wie ich sehr schnell merkte, ein guter Taktiker, der sich auch nicht scheute, Dirty Tricks einzusetzen. Eine seiner Strategien war der Einbruch in die Tabuzonen, auch Grenzverletzung genannt.

Wir saßen uns gegenüber, und auf dem Tisch befanden sich neben Schreibmaterialien auch Tassen, Untertassen, Löffel, ein Teller mit Gebäck, eine Kanne Tee und eine Kanne Kaffee.

Jeder von uns hatte sein Revier abgesteckt, und die Grenzlinie verlief in der Mitte des Tisches. Doch während des Gesprächs wurde diese Linie nach und nach überschritten. Mein Verhandlungspartner tat dies sehr subtil; er stützte seine Hände immer weiter in meinem »Revier« auf den Tisch, und plötzlich lag sein Stift auf meiner Seite des Tisches, kurz danach seine Schreibunterlagen, und zuletzt beugte er sich so weit nach vorn, dass sich sein Kopf ebenfalls auf meiner Seite befand.

Eine unangenehme Situation, die nicht nur ablenkt, sondern auch ein Gefühl des Bedrängtseins auslöst. Der eigene Bereich ist in Gefahr; dadurch werden unterschwellig Existenzängste ausgelöst. Das Unterbewusstsein nimmt eine solche Bedrohung sehr, sehr ernst.

Sicherlich haben Sie schon einmal eine solche Situation erlebt: Sie sind auf einer Party und unterhalten sich mit den anderen Gästen. Ihre Gesprächspartner stehen in einem Abstand von eineinhalb bis zwei Metern vor Ihnen; so weit, so gut. Doch plötzlich tritt jemand dichter vor Sie, und Sie gehen unwillkürlich einen halben Schritt zurück. Dabei handelt es sich noch nicht einmal um einen besonders unangenehmen Gast; doch er ist Ihnen einfach zu nahe getreten und hat eine ganz bestimmte, in Ihrem Unterbewusstsein festgelegte Grenze überschritten. Sie können sich nun nicht mehr so recht auf das Gespräch konzentrieren, sondern haben »alle Hände voll« damit zu tun, die richtige Distanz zu wahren. Kommt Ihnen das bekannt vor?

Der Anthropologe Edward T. Hall hat dieses Phänomen in den sechziger Jahren des letzten Jahrhunderts erforscht; er untersuchte den Umgang der Menschen mit dem Raum,

der sie umgibt, und definierte vier Zonen: die Intimzone, die persönliche Zone, die soziale Zone und die öffentliche Zone, wobei wir Letztere einmal vernachlässigen wollen.

In der sozialen Zone, die Sie ungefähr in einem Abstand von eineinhalb bis zwei Metern umgibt, dürfen sich im Prinzip alle Menschen bewegen, mit denen Sie freiwillig oder durch Sachzwang zu tun haben – in geschäftlichen Meetings, auf einer Vernissage, auf einer Gesellschaft oder in einer Verhandlung.

In die nächstnähere Zone, die persönliche Zone, dürfen nur gute Freunde, Bekannte und Verwandte eindringen. Typisch an dieser Zone ist, dass man sich bei der Begrüßung umarmen darf und ähnliche freundliche Gesten austauscht.

In die Intimzone, die den Körper wie eine Blase umgibt, dürfen in der Regel nur die Lebenspartner oder Kinder eindringen.

Ihr Unterbewusstsein weiß also, wer in die entsprechenden Zonen vordringen darf. In dem Moment, in dem jemand diese Grenzen überschreitet, werden unwillkürlich Abwehrmechanismen in Gang gesetzt, die wiederum einen großen Teil Ihrer Konzentration fordern. Sie sind so sehr damit beschäftigt, die Grenzen zu wahren, dass Sie nur noch mit Mühe dem Gespräch folgen können.

In Verhandlungen wird dieses Phänomen genutzt; eine bewusste Verletzung Ihrer Tabuzonen (in der Regel die Grenze zwischen sozialer und persönlicher Zone) sorgt für eine schädliche Unaufmerksamkeit – und schon schlägt Ihr Kontrahent zu.

Meistens ist der »angegriffene« Gesprächspartner zu höflich, die Distanz wieder herzustellen. Das ist fatal, denn als Verhandlungspartner ist er in diesem Moment stark geschwächt.

Und genau das war auch das Ziel meines Verhandlungspartners.

Ich sollte seinem Vorschlag zustimmen, ohne die Konsequenzen bis in alle Einzelheiten nachvollziehen zu können. Doch ich konterte und beendete diese unangenehme Situation, indem ich mein Gegenüber anschaute und mit einem Lächeln sagte: »Ja, Sie haben recht, der Tisch ist ziemlich voll. Warten Sie, ich räume ein paar Dinge zur Seite, dann haben wir beide mehr Platz.«

Damit machte ich mir Luft und signalisierte meinem Gesprächspartner, dass ich seine Taktik durchschaut hatte.

Sobald Sie spüren, dass eine Grenzverletzung stattfindet (und Sie werden es deutlich spüren), unterbrechen Sie höflich das Gespräch. Wollen Sie diplomatisch vorgehen, bitten Sie um eine kurze Pause, um sich die Beine zu vertreten oder eine Tasse Kaffee einzugießen. Eine weitere Möglichkeit: Rücken Sie mit Ihrem Stuhl einfach einen halben Meter zurück. Damit verschieben Sie die Grenzen und nehmen Ihrem Kontrahenten die Möglichkeit, nachzurücken.

Wenn Sie weniger diplomatisch sein möchten, unterbrechen Sie das Gespräch und bringen sachlich und freundlich zur Sprache, dass Sie sich unter den gegebenen Umständen nicht konzentrieren können. Weisen Sie darauf hin, dass noch vor einigen Momenten die räumliche Distanz größer war, und fragen Sie höflich, weshalb sich das plötzlich geändert hat. Spätestens an dieser Stelle wird Ihr Gegenüber erkennen, dass Sie seine Strategie durchschaut haben. Er wird diese Taktik nicht mehr einsetzen. Sollte er es dennoch tun, heben Sie einfach die Hand, richten die offene Handfläche in seine Richtung und schauen dabei auf die Grenzverletzung.

Auch in Fällen, in denen Ihr Gegenüber Ihnen unbewusst zu nahe gerückt ist, nützt die aufklärende Unterbrechung. Ein Tipp: Stehen Sie mit mehreren Personen zusammen und ein oder zwei Personen kommen Ihnen zu nahe, hilft das Zurücktreten oftmals nichts. Manche Menschen rücken nach; eine Zwickmühle! In solchen Fällen benutze ich selber einen Trick: Ich bitte die Betreffenden um etwas mehr Distanz und weise sie darauf hin, dass ich in meinem Alter bereits weitsichtig bin und mein Gegenüber gern klar erkennen würde. So fühlt sich niemand angegriffen, und keiner der Beteiligten verliert sein Gesicht.

In unterschiedlichen Kulturbereichen sind die Abstände der einzelnen Zonen jeweils unterschiedlich. Wer international arbeitet, sollte sich über diese Zonen im entsprechenden Land informieren und darauf Rücksicht nehmen. Ein sorgfältiges Beobachten der Körpersprache des Gegenübers hilft, niemanden unnötig zu verletzen oder die Abstände falsch zu interpretieren.

## Kurzüberblick:
## Einbruch in die Tabuzonen

**Angriff:** Die unsichtbare Grenze, die zwischen Ihnen und Ihrem Gesprächspartner verläuft, wird verletzt. Ihr Gesprächspartner schiebt einen Gegenstand nach dem anderen über diese Grenze. Dadurch konzentrieren Sie sich mehr auf diese Verletzung Ihrer persönlichen Zone als auf das Gespräch. Eine solche Grenzüberschreitung sorgt für Alarm im Unterbewusstsein.

**Kontern:** Mit einem Augenzwinkern thematisieren Sie, wie voll der Tisch ist, und räumen einige Dinge weg.

Oder Sie rücken mit Ihrem Stuhl einen halben Meter nach hinten und lehnen sich zusätzlich zurück. Damit verschieben Sie die Grenze, und Grenzverletzungen sind nicht mehr möglich, da Ihre Tischkante eine natürliche Barriere bildet.

Oder Sie bringen höflich, sachlich oder aber mit einem Lächeln zur Sprache, dass Sie diese Taktik kennen.

## Dirty Tricks, die Ihr moralisches Empfinden stören sollen

### Schuldgefühle als treibende Kraft

Wem es in einem Gespräch oder einer Verhandlung gelingt, bei seinem Gegenüber ein schlechtes Gewissen oder sogar Schuldgefühle auszulösen, der befindet sich in der stärkeren Position. Hat man jemandem sein Wort gegeben, fühlt man sich gebunden. Nimmt man von einem gegebenen Versprechen wieder Abstand, fühlt man sich oftmals schuldig. Also liegt es nahe, jemanden dazu zu verleiten, sein Wort zu geben, um ihn dann quasi mit seinen Schuldgefühlen zu erpressen.

Die meisten Menschen reagieren wie gewünscht. Ausnahmen bilden höchstens Politiker, die ein Wahlversprechen abgegeben haben. Davon einmal abgesehen sind solche Tricks überaus erfolgreich.

# Das Konsequenzgesetz

**Die Story:**

Es ist Anfang Januar. Herr Kranz, ein Außendienstleiter, und Herr Schütz, der Vertriebsmitarbeiter, treffen sich zu ihrem jährlichen Gespräch, um die Zielvereinbarungen für das kommende Jahr festzulegen. Herr Kranz begrüßt Herrn Schütz, fragt nach dessen Familie, nach dem letzten Urlaub und auch, wie es im Außendienst läuft. Dann kommt er zur Sache: »Herr Schütz, wie Sie wissen, steht unsere jährliche Zielvereinbarung an. Wir müssen darüber sprechen, wie viel Umsatz Sie im neuen Jahr machen werden. Ich habe hier die Vorgaben der Geschäftsleitung, und es wird so wie im Vorjahr erwartet, dass Sie im neuen Jahr wieder 7 Prozent mehr Umsatz bringen.«

Herr Schütz lehnt sich zurück, verschränkt die Arme, wirkt reserviert: »Jetzt bin ich aber etwas konsterniert. Im letzten Januar, als wir uns über den Umsatzzuwachs für das zurückliegende Jahr unterhalten hatten, forderten Sie ebenfalls 7 Prozent von mir. Wie Sie sich sicher noch erinnern können, Herr Kranz, habe ich diesen 7 Prozent zugestimmt und gleichzeitig darauf hingewiesen, dass ich im darauf folgenden Jahr – also das Jahr, über das wir gerade sprechen – plane, ein Haus zu bauen und eine Familie zu gründen. Dafür hatten Sie Verständnis und mir in die Hand versprochen, dass Sie mich im jetzt anstehenden Jahr ein Stück entlasten wollen. Ich sollte ein Jahr lang die Möglichkeit haben, in Ruhe mein Haus zu bauen. Herr Kranz, ich habe mich auf Ihr Wort verlassen – denn Sie sind dafür bekannt, dass Ihr Wort zählt – und alles für den Hausbau organisiert. Die Baugenehmigung ist erteilt, der Kredit ist aufgenommen, die Handwerker haben bereits ihren Zuschlag bekommen. Und nun sagen Sie mir, dass Sie wieder 7 Prozent von mir erwarten. Das kann ich einfach nicht. Ich habe mich auf Ihr Wort verlassen, und nun müssen Sie Ihr Wort auch halten.«

Herr Kranz ist nun in einer ziemlich verzwickten Situation. Der Mitarbeiter erinnert ihn daran, dass er ihm sein Wort gegeben hat. Aus dieser Zwickmühle kommt Herr Kranz nur schwer wieder heraus, denn Herr Schütz hat das Konsequenzgesetz zu seinen Gunsten genutzt.

Das Konsequenzgesetz lautet: Ich habe gewissermaßen eine Zusage erteilt, wenn auch nur mündlich, und muss dazu stehen. Herr Schütz pocht auf diese Zusage, und Herr Kranz wird durch sein schlechtes Gewissen oder Zweifel in seiner Zielvereinbarungsverhandlung blockiert.

Wie schon erwähnt, sagt man dem Politiker Franz Josef Strauß nach, diese Strategie permanent genutzt zu haben: »Am 3. Oktober 1978, sehr geehrter Herr Fraktionskollege, haben Sie folgende Aussage getroffen (…)! Wenn Sie jetzt genau das Gegenteil behaupten, dann sind Sie nicht mehr glaubwürdig.«

So drängte Strauß seine Gegner in die Ecke; dabei spielte es keine Rolle, ob der Fraktionskollege tatsächlich jemals diese Aussage gemacht hatte oder nicht. Auf die Schnelle konnte das von niemandem überprüft werden, und Strauß erzielte die gewünschte Wirkung.

Politiker bedienen sich gerne und oft dieses Konsequenzgesetzes. Durch einen verbalen Kniff werden Fakten geschaffen, von denen beide Verhandlungsparteien nur schwer abrücken können. Clevere Verhandlungspartner geben in einem solchen Falle einen Teil der Kontrolle aus der Hand, um Macht zu gewinnen. Eine Partei verpflichtet sich beispielsweise in der Öffentlichkeit, ein bestimmtes Verhandlungsergebnis zu erzielen. In der darauf folgenden Auseinandersetzung mit der Gegenpartei argumentiert sie dann, aufgrund der öffentlichen Erklärung nun nicht mehr zurück zu können.

Auch Ihr Gesprächspartner wird meistens Erfolg haben, wenn er Sie vor vollendete Tatsachen stellt und Sie blockiert, indem er in Ihnen Schuldgefühle auslöst. Sollten Sie widersprechen, stehen Sie schlimmstenfalls als Lügner dar. Und so beginnen Sie, an Ihrem eigenen Gedächtnis zu zweifeln, denn Ihr Kontrahent stellt seine Behauptung schließlich mit großer Überzeugungskraft auf.

Das Konsequenz-Gesetz ist eine starke Waffe. Dennoch gibt es Möglichkeiten, die eigene Position wieder zu stärken.

Herr Kranz aus dem Fallbeispiel könnte folgendermaßen vorgehen: »Herr Schütz, ich habe verstanden, was Sie gesagt haben. Ich möchte Sie bitten, mir noch einmal zu schildern, was ich damals gesagt haben soll und wie Sie es verstanden haben.« Durch die Verwendung des Begriffs »soll« stellt Herr Kranz die Aussage von Herrn Schütz als unbestätigte Behauptung dar.

Herr Schütz antwortet: »Sie haben mir vor einem Jahr gesagt, dass Sie mich im neuen Jahr aufgrund meines Hausbaus entlasten wollen. Dazu haben Sie mir Ihr Wort gegeben.«

Herr Kranz: »Ich kann mich noch gut erinnern, was ich Ihnen damals gesagt habe. Ich habe gesagt, dass ich Sie so unterstützen werde, dass Sie in der Lage sind, das Haus zu bauen. Ich meinte, dass wir eine Möglichkeit finden werden, wie weder Ihre Außendiensttätigkeit noch Ihr Hausbau auf der Strecke bleiben.«

Herrn Kranz baut zwei Positionen für eine weitere Verhandlung auf. Zum einen macht er klar, dass Herr Schütz die Worte zu seinen Gunsten interpretiert hat – dass damit aber noch lange keine konkrete Zusage getroffen wurde. Zum anderen ist er der Meinung, dass diese vermeintliche Zusage jetzt in diesem Gespräch verhandelt werden muss. Und so beginnt Herr Kranz: »Herr Schütz, ich mache Ihnen folgenden Vorschlag: Es hat keinen Sinn, wenn Sie abends vielleicht eine Dreiviertelstunde früher zu Hause sind. Es ist klüger, wenn Sie ein verlängertes Wochenende haben. Ich bin bereit, folgendes Zugeständnis zu machen: Sie arbeiten konsequent, diszipliniert und verantwortungsvoll von Montagmorgen bis Freitagmittag. Der Freitagnachmittag bis zum Sonntagabend steht Ihnen dann für Ihren Hausbau zur Verfügung. Das ist auf sieben Tage umgerechnet mehr als ein Drittel der Woche. Wenn Sie die heutige arbeitspolitische und wirtschaftliche Situation berücksichtigen, ist das ein außerordentlich großzügiges Angebot von unserer Seite. An dieses Angebot ist aber eine Bedingung geknüpft. Ihre Arbeitstage von Montagmorgen bis Freitagmittag werden wir gemeinsam neu durchdenken, so dass hier die Effizienz steigt. Aus meiner Sicht ist es dann möglich, dass Sie diese 7 Prozent Umsatzsteigerung schaffen.«

Fazit: Eine angebliche Aussage wird so umgewandelt, dass sie von beiden Parteien aufgrund der auseinanderklaffenden Interpretation neu verhandelt werden kann. Dadurch entsteht die Möglichkeit, ein Win-Win-Ergebnis zu erzielen.

**Kurzüberblick: Konsequenzgesetz**

**Angriff:** Sie werden mit einer angeblichen Zusage konfrontiert und sollen aufgrund Ihres schlechten Gewissens Zugeständnisse machen.

**Kontern:** Durch punktgenaue Fragen bringen Sie Ihren Gesprächspartner in Erklärungsnot:
»Was genau habe ich Ihrer Meinung nach zugesagt?«
Nach der detaillierten Erklärung Ihres Gesprächspartners:
»Jetzt wird mir klar, wie und weshalb Sie mich missverstanden haben. Das tut mir leid. Lassen Sie mich schildern, wie ich es tatsächlich gemeint habe.«
So stellen Sie die Aussage Ihres Gegenübers als subjektive Interpretation dar, schwächen dessen Position und können erneut taktieren und verhandeln.

## Schuldzuweisung als Frage

Weit verbreitet im Business wie auch im Privatleben ist die Taktik, durch clevere rhetorische und suggestive Fragen anderen die Schuld zuzuschieben.

**Die Story:**
Vor einigen Jahren wurde in unserem Institut eine neue Telefonanlage installiert, die über eine ganze Reihe computergesteuerter Finessen verfügte. Kurze Zeit nach der Einwei-

sung machte meine Frau bei der Bedienung einen Fehler, so dass es nicht mehr möglich war, Kunden anzurufen. Eine Rückfrage beim Lieferanten, der die Anlage auch installiert hatte, brachte keine Problemlösung; stattdessen stellte er uns die rhetorische und damit schuldabweisende Frage: »Das hatte ich Ihnen doch schon alles erklärt, oder etwa nicht?« Im ersten Moment plagten meine Frau Zweifel und Schuldgefühle; natürlich hatte der Lieferant aus seiner Sicht schon alles »erklärt«, aber eben nicht ausführlich genug. Sein eigenes schlechtes Gewissen verlagerte er so auf meine Frau.

Ein Kunde schilderte mir eine ähnliche Geschichte: Sein Firmenanwalt hatte einen wichtigen Prozess verloren, obwohl er im Vorfeld überzeugt gewesen war: »Das werden wir locker gewinnen!«

Nach dem verlorenen Prozess stellte der Kunde seinen Anwalt zur Rede. Dessen Antwort lautete: »Herr Schrager, Sie sind doch ein intelligenter Mensch, oder? Dann ist Ihnen doch sicherlich klar, dass man vor Gericht in Gottes Hand ist, nicht wahr? Selbst ein so brillanter Anwalt wie ich kann nicht immer vor Gericht siegen, denn nicht jeder Richter ist entsprechend fähig, nicht wahr?«

Und Herr Schrager fühlte sich schuldig; wie hatte er seinem Anwalt solche Vorhaltungen machen können?

Diese Masche findet sich überall. Geht ein Projekt schief, weil der Vorgesetzte es verschlampt hat, wird er dem Projektleiter die Schuld zuschieben: »Sie sind doch dafür verantwortlich, oder? Warum stehen Sie dann nicht dazu?«

Oder der Vorgesetzte fragt: »Ich habe Sie doch vorher darauf aufmerksam gemacht, dass dies ein schwieriges Projekt ist. Oder stimmt das etwa nicht?«

Und diese Taktik lässt sich in ihrer Bösartigkeit noch steigern, insbesondere dann, wenn jemand massiv unter Druck gesetzt werden soll: »Wollen Sie etwa so lange warten, bis der Kunde verloren ist und alle mit dem Finger auf Sie zeigen? Wollen Sie wirklich als Versager dastehen, als derjenige, der uns diesen Kundenkontakt kaputt gemacht hat?«

Das ist starker Tobak – aber selbst solche Situationen habe ich schon erlebt und auch von Kunden geschildert bekommen. Denn wo viel zu verlieren und noch mehr zu gewinnen ist, wird mit harten Bandagen gekämpft. Das Ergebnis ist immer das gleiche: Als Betroffener fühlt man sich durch Schuldgefühle gelähmt und hat Angst vor einem Gesichtsverlust. Diese Emotionen können so übermächtig werden, dass man einfach klein beigibt. Natürlich ist man dann in der weitaus schwächeren Position. Und auch wenn man erkennt, in welche Falle man getappt ist, und sich darüber ärgert, ist es meist zu spät; also sollte man früher reagieren.

Es gibt zwei Möglichkeiten, mit einer solchen Situation umzugehen:

1. Ihnen ist von Anfang an klar, dass das Verhalten Ihres Gegenübers zum Ziel hat, Sie zu schwächen. Schon diese Erkenntnis hilft Ihnen, souverän zu bleiben und sich die tatsächliche Schwäche des anderen zu vergegenwärtigen. Vielleicht können Sie sogar über dessen Auftritt schmunzeln; das schützt Sie zusätzlich.

2. Sie fühlen mit Gegenfragen Ihrem Gesprächspartner auf den Zahn:
»Was genau hatten Sie mir vorher schon erklärt?«

»Wofür genau soll ich verantwortlich sein?«
»Worauf haben Sie mich angeblich ganz konkret aufmerksam gemacht?«
Diese Gegenfragen, vor allem wenn mehrere nacheinander folgen, bringen Ihren Angreifer in der Regel in Erklärungsnot – und damit haben Sie ihm auch die Verantwortung wieder zurückgegeben.

### Kurzüberblick:
### Schuldzuweisung als Frage

**Angriff:** Durch suggestive und rhetorische Fragen versucht man, bei Ihnen ein Schuldgefühl auszulösen.

**Kontern:** Es gibt zwei Möglichkeiten; Sie durchschauen das Spiel und können deshalb souverän reagieren, oder Sie bringen durch konkrete Gegenfragen Ihren Gesprächspartner in Erklärungsnot.

# Dirty Tricks, die Ihre Kompetenz in Frage stellen

## Wer zweifelt, ist schwächer

Wer selbstbewusst und souverän in ein Gespräch geht, mit eindeutiger Körpersprache und fester Stimme, beeindruckt den Gesprächpartner unweigerlich, denn jeder mag Gewinner. Und wer Gewinner mag, mag auch das, was sie sagen.

Um diesen Vorteil zunichte zu machen, greifen viele auf Dirty Tricks zurück, die die Kompetenz und damit das Selbstbewusstsein des anderen schwächen. Denn: Wer zweifelt, ist schwächer.

Hat Ihr Gesprächspartner Sie erst einmal soweit, dass Sie Unsicherheit oder Zweifel ausstrahlen, dann führt er das Gespräch und damit Sie!

Er ist zum Gewinner geworden.

# Die Pause als Vorwurf

**Die Story:**

Sie führen ein Verhandlungsgespräch und werden mit einer Forderung konfrontiert, die Sie als überhöht, vielleicht sogar als unverschämt empfinden. Die meisten Menschen reagieren in einer solchen Situation empört: »Das ist völlig unmöglich, das geht so einfach nicht, darauf kann ich einfach nicht eingehen, das ist ausgeschlossen!« Wer so aufbraust, geht auf Konfrontation und vergibt sich wichtige Möglichkeiten im Gespräch.

Gewiefte Taktiker gehen anders vor und stellen durch eine deutliche Pause einen unausgesprochenen Vorwurf in den Raum. Auf die unverschämte Forderung antwortet der Stratege gar nicht erst, sondern schweigt einfach. Je länger diese Pause dauert, umso mehr wird sie vom Verhandlungspartner als Vorwurf verstanden. Wer starke Nerven hat und das Schweigen lange genug durchhält, nötigt den Gesprächspartner, sich zu rechtfertigen – und hat schon gewonnen. Die Forderung, die im Raum stand, kann nun leicht ausgehebelt werden.

Vielleicht haben Sie es selbst schon während eines Telefonats erlebt: Wenn Sie mitten im Gespräch eine Pause machen, wird Ihr Gesprächspartner spätestens nach 10 Sekunden verunsichert fragen: »Sind Sie noch da?«

Es ist außerordentlich schwer, das Schweigen des Gegenübers in einem Gespräch auszuhalten, und viele Taktiker verknüpfen diese Pause zusätzlich noch mit den entsprechenden körpersprachlichen Signalen. So wirkt die Pause als Vorwurf noch deutlich stärker.

In meinen Seminaren werden die einzelnen Dirty Tricks in Rollenspielen dargestellt – ein Teilnehmer greift an, ein anderer kontert. Und selbst in diesem geschützten Raum spürt der Angegriffene sehr schnell, wie diese Taktiken wirken. Fast keiner der Teilnehmer ist im ersten Übungsdurchgang in der Lage, eine Pause länger als 30 Sekunden auszuhalten. Doch auch hier gibt es die Möglichkeit, effektiv zu kontern – Sie müssen einfach stärkere Nerven haben als der Angreifer und die Spannung, die durch die Gesprächspause entsteht, aushalten. Gehen Sie in sich, sammeln Sie weitere Argumente, die Ihre Position stärken, aber setzen Sie diese Argumente erst ein, wenn weiter verhandelt wird. Wird der Druck zu hoch, können Sie sich selbst Erleichterung verschaffen, indem Sie den Taktiker ansprechen: »Haben Sie zu diesem Punkt noch irgendwelche Fragen?« Danach warten Sie wieder ab. Wer länger durchhält, gewinnt!

 **Kurzüberblick: Die Pause als Vorwurf**

**Angriff:** An einem entscheidenden Punkt des Gesprächs erhalten Sie von Ihrem Gesprächspartner keine Antwort. Er schweigt und wendet möglicherweise sogar den Blick ab. Diese Situation erzeugt einen hohen Druck.

**Kontern:**
Auch in diesem Fall haben Sie zwei Möglichkeiten, den Angriff anzuwehren.

Sie wissen, dass es sich um eine Taktik handelt und nutzen die Gesprächspause, um sich zu sammeln, die Unterlagen durchzusehen oder etwas zu notieren.

Wird der Druck zu groß, stellen Sie Fragen: »Haben Sie zu diesem Punkt noch irgendwelche Anmerkungen?« Danach bleiben Sie ruhig und abwartend. Sollte Ihr Gesprächspartner noch immer nicht reagieren, dann beenden Sie das Gespräch mit den Worten: »Ich sehe, Sie haben keine Fragen mehr. Dann schlage ich vor, dass wir das Gespräch an dieser Stelle beenden. Mein Angebot steht. Ich rufe Sie morgen an, und Sie sagen mir, wie Sie dazu stehen.« Beginnen Sie, Ihre Unterlagen zusammenzuräumen. Spätestens jetzt wird Ihr Gesprächspartner reagieren.

## Mit Fremdwörtern bluffen

Mit Fremdwörtern wird gerne gebluft – und erstaunlicherweise lassen sich viele Menschen davon einschüchtern.

**Die Story:**

Vor einiger Zeit besuchte ich einen potenziellen neuen Kunden; in unserem Gespräch sollte es um eine langfristige Zusammenarbeit und die Frage gehen, inwieweit unser Haus in der Lage ist, sich kundenorientiert in die ganz spezifischen Problemstellungen des Kunden einzuarbeiten. Nach einer sehr freundlichen Begrüßung saß ich mit dem Personalentwickler sowie zwei Software-Ingenieuren zusammen, die mir ausführlich die Problemstellungen, ihre Arbeitsweisen und die Anforderungen ihrer Kunden schilderten. Schon nach zwei Sätzen verstand ich kein Wort mehr – die Ausführungen der beiden Ingenieure bestanden fast nur aus Fachbegriffen und Fremdwörtern, und mir war klar, dass ich unter diesen Umständen niemals mein Angebot würde rechtfertigen können. Die Körpersprache, vor allem die Mimik der beiden ermutigte mich auch nicht gerade, Fragen zu stellen. Ich ordnete das Verhalten der Kunden als bewusste oder unbewusste Taktik ein, die Verhandlungspartner erst einmal unsicher machen soll, um die Preise zu drücken. Und so unterbrach ich nach einer Minute das Gespräch und erklärte, dass ich Ihnen nicht folgen könne und nur dann über firmenspezifische Konzepte sprechen könne, wenn ich den Zusammenhang auch verstehen würde.

Die beiden Software-Ingenieure stutzten, und ich hakte nach: »Wenn Sie mir alles, was Sie für wichtig halten, mit einem konkreten Fallbeispiel schildern können und mir Nachfragen gestatten, können wir anschließend über Lösungen sprechen.« Das Gespräch nahm tatsächlich einen anderen Verlauf, und ich konnte den Kunden gewinnen. Hätte ich mich einschüchtern lassen, wäre das sicherlich nicht der Fall gewesen.

Entwaffnen Sie Ihren Gesprächspartner, wenn er zum »Fremdwort-Hammer« greift und versucht, Sie einzuschüchtern!

Wie würden Sie wohl reagieren, wenn man Sie mit folgendem Satz-Ungetüm konfrontierte?

»Wer eine permanente kommunikative Insuffizienz eliminieren will, um selbst eine restriktive Enkulturation zu verhindern, und vice versa die emotionale Internalisierung präformiert, sollte auf eine eigene utilitäre Eloquenz, quasi als Conditio sine qua non rekurrieren und insolente Insimulationen negieren, die ohnehin nur affektlabile Loquazitäten induzieren.«

Eine kleine Hilfe zur Übersetzung finden Sie am Ende des Buches.

Manche Gesprächspartner scheinen sich auch des »automatischen Schnellformulierungssystems« zu bedienen, das sich auf eine Liste von dreißig sorgfältig ausgesuchten Schlüsselwörtern stützt, aufgeteilt in drei Spalten. Jedes Wort kann mit je einem beliebigen Wort aus den beiden anderen Spalten kombiniert werden. Versuchen Sie nicht, jemanden damit ernsthaft zu überzeugen. Es wird Ihnen sonst ergehen wie bei der Reaktion auf die Aufgabe: »Denken Sie jetzt bitte nicht an einen Elefanten.«

| | | |
|---|---|---|
| konzentrierte | Führungs- | Struktur |
| integrierte | Organisations- | Flexibilität |
| permanente | Identifikations- | Ebene |
| progressive | Drittgenerations- | Tendenz |
| funktionelle | Koalitions- | Programmierung |
| punktuelle | Fluktuations- | Konzeption |
| orientierte | Übergangs- | Phase |
| synchrone | Wachstums- | Potenz |
| qualifizierte | Aktions- | Problematik |
| ambivalente | Interpretations- | Kontingenz |

Diese Tabelle ist eher eine Art »Bullshit-Bingo« und rückt die Taktik Ihres Gegenübers in ein amüsantes, nicht ernst zu nehmendes Licht.

Haben Sie den Mut, diese Taktik zu durchbrechen! Ihr Kontrahent will Sie einschüchtern, Ihre Kompetenz schwächen und Sie daran hindern, seine Aussagen zu hinterfragen.

Sie haben zwei Möglichkeiten, einen solchen Angriff abzuwehren:

1. Stellen Sie Fragen: »Was verstehen Sie unter progressiver Identifikationsproblematik?« In den meisten Fällen wird sich Ihr Gegenüber vor einer Antwort drücken.

2. Sie können das Ganze auch ad absurdum führen. Benutzen Sie wie Ihr Kontrahent entsprechende Fremdwörter – mit einem Augenzwinkern –, und das Verbal-Gerüst Ihres Gesprächspartners bricht zusammen. Dennoch verliert niemand das Gesicht, und es gibt eine stille Übereinkunft, wieder auf eine sachliche Ebene zurückzukehren.

Bisweilen dient diese Taktik auch dazu, den Mut einer Person einzuschätzen; wer sich traut, offen und direkt nachzufragen, ist kein angepasster Ja-Sager – und solche Menschen sind gerade bei Personalchefs gern gesehen.

## Der Nebenkriegs-Schauplatz

**Die Story:**

Frau Schuster arbeitet an einem wichtigen Projekt, in das auch andere Kollegen involviert sind. Ihrem Vorgesetzten fällt jedoch auf, dass Frau Schuster selten pünktlich an ihrem Arbeitsplatz ist, sondern bisweilen eine halbe Stunde zu spät kommt, obwohl im Unternehmen keine Gleitzeit eingeführt wurde. Um Unmut bei den Kollegen und Chaos zu vermeiden, spricht der Vorgesetzte Frau Schuster auf ihre Unpünktlichkeit an: »Frau Schuster, ich würde gerne noch einmal auf die Arbeitszeiten im Falle dieses Projekts zu sprechen kommen. Für uns alle ist es wichtig, morgens zur gleichen Zeit, also um acht Uhr, zu beginnen.«

Doch Frau Schuster geht nicht darauf ein. Stattdessen lenkt sie das Gespräch geschickt auf das letzte, inzwischen abgeschlossene Projekt: »Bei unserem letzten Projekt war der durchschnittliche Arbeitsbeginn um 8 Uhr 15. Wie Sie wissen, waren wir damals zu fünft, und ich kann mich noch gut erinnern, dass wir zu Beginn eine Kundenbefragung durchgeführt haben. Im Süden fühlten sich die Kunden stärker an unser Unternehmen gebunden als im Norden. Wir haben lange überlegt, woran das liegt, und stellten fest, dass die Statistik sehr stark verzerrt war, was an drei besonders schwierigen Kunden lag. Ich habe damals den Vorschlag gemacht, sich von diesen Kunden zu trennen, aber keiner wollte auf mich hören. Und was ist das Ergebnis? Wir haben immer wieder Ärger mit diesen Kunden, und sie bringen uns überhaupt keinen Profit.«

Frau Schuster eröffnet einen Nebenkriegs-Schauplatz; sie weiß, dass ihr Vorgesetzter sich über das Verhalten der schwierigen Kunden aufgeregt hatte, deshalb kommt sie auf dieses noch immer unerledigte Thema zu sprechen. So wird es ihr möglicherweise gelingen, ihre Führungskraft so sehr abzulenken, dass von ihrer Unpünktlichkeit keine Rede mehr ist.

Mit einem anderen Mitarbeiter macht der Vorgesetzte

ähnliche Erfahrungen; als er ihn auf zwei Kundenbeschwerden anspricht, erwidert dieser: »Während ich die Kundenbefragung durchgeführt habe, hat unser neuer Außendienstmitarbeiter, Herr Sellbach, unter anderen diese beiden Kunden besucht. Ich finde, er ist überhaupt noch nicht auf die Kunden eingestellt. So wie er mit ihnen umgeht, ist es kein Wunder, dass sie verärgert sind. Wir sollten Herrn Sellbach unbedingt einen erfahrenen Kollegen zur Seite stellen oder ihn entsprechend trainieren oder entlassen. Er ist ja noch in der Probezeit.«

Der Mitarbeiter hat – wie beim Judo – den Angriff seines Vorgesetzten ins Leere laufen lassen und auch noch auf einen neuen Kollegen umgeleitet, der die Schuld übernehmen soll.

Geschickt eingesetzt, kann diese Taktik durchaus zum Erfolg führen. Die Gründe, weshalb auf einen Nebenkriegs-Schauplatz ausgewichen wird, sind vielfältig: Entweder ist das Thema unangenehm, oder die geforderten Bedingungen werden nicht akzeptiert. Deshalb greift der Angreifer gerne auf Reizthemen zurück, die beim Gesprächspartner Emotionen auslösen und den Fokus vom eigentlichen Thema ablenken.

Wenn Sie sich dadurch im Gespräch auf einen Nebenkriegs-Schauplatz oder eine neue Zielperson einlassen, haben Sie verloren – Sie führen das Gespräch nicht mehr, sondern lassen sich führen.

Blockieren Sie diesen Dirty Trick, indem Sie konsequent immer wieder auf Ihr Thema pochen. Wiederholen Sie Ihre Frage und machen Sie klar, dass Sie auf diese Frage eine Antwort erwarten.

Seien Sie wachsam und konzentriert, was Ihre Gefühle betrifft – sind Sie wütend oder angespannt?

Schreiben Sie sich Ihre Frage auf, damit Sie sich im Gespräch immer wieder daran erinnern können.

Machen Sie Ihrem Gesprächspartner klar, dass Sie seine Strategie des Richtungswechsels durchschauen und nicht darauf eingehen werden.

### Kurzüberblick: Der Nebenkriegs-Schauplatz

**Angriff:** Ihr Gesprächspartner lenkt im Gespräch ab und spricht ein Reizthema an, so dass Sie das eigentliche Ziel des Gesprächs nicht mehr verfolgen können.

**Kontern:** Sobald ein Nebenkriegs-Schauplatz eröffnet wird, müssen Sie konsequent Ihr Thema, Ihre Bedingungen, Ihre Forderungen verfolgen und Ihren Gesprächspartner darauf hinweisen, was der Anlass des Gesprächs ist.

Bleiben Sie hellhörig, wachsam und fokussieren Sie Ihr Ziel!

Machen Sie sich gegebenenfalls Notizen, um den roten Faden nicht zu verlieren.

## Abblocken durch Bluff

Wenn es in einer Verhandlung um viel Geld geht, werden häufig Angebote oder Ergebnisse zitiert, die nicht sofort nachprüfbar und damit auch nicht widerlegbar sind. Auch damit sollen Gesprächspartner verunsichert und die Qualität ihres Produkts angezweifelt werden. Es gibt die unterschiedlichsten Varianten von Bluffs.

**Die Story:**
Sie legen in einer Verhandlung Ihrem Gegenüber den Sachverhalt und Ihren Standpunkt dar, doch Ihr Gesprächpartner zeigt zunächst keine Regung. Er arbeitet mit einer taktischen Umkehrmethode. Sobald Sie Ihre Ausführungen beendet haben, antwortet er: »Nein! Das, was Sie sagen, ist nicht zutreffend. Es ist durch und durch falsch, es ist nicht haltbar, Ihre Argumentation hat einfach keinen Bestand.«

Diese Reaktion ist ein Schock; umso heftiger trifft es Sie, wenn Ihr Kontrahent während Ihrer vorangegangenen Argumentation leicht mit dem Kopf genickt und Zustimmung signalisiert hat.

Wenn er Ihnen nach seiner Ablehnung jedoch wieder entgegenkommt und anbietet, gemeinsam »noch einmal nachzudenken, um eine wirklich praktikable Lösung zu finden«, hat er Sie schon in der Hand und kann Sie in seine bevorzugte Richtung lenken.

Möglicherweise übersteigert Ihr Gegenüber Ihre Aussagen auch und führt sie so ad absurdum: »Wenn man Ihre ständigen Preiserhöhungen hochrechnet, müssen wir in ein paar Jahren erst einmal einen Kredit aufnehmen, bevor wir Ihr Produkt einkaufen können!«

Geschickte Taktiker wiegen Ihre »Opfer« auch in Sicherheit und bluffen mit angeblichem Wohlwollen. Während Sie argumentieren, nickt Ihr Gegenüber, bedankt sich, dass Sie ihm neue Perspektiven eröffnet haben, und führt Sie im anschließenden Gespräch zu einem vermeintlichen Konsens, der in erster Linie seinen Ansprüchen genügt.

Eine weitere Variante: Ihr Gegner greift Ihre Formulierungen auf und interpretiert sie zu seinen Gunsten.

Kennen Sie den Witz, in dem ein Amerikaner und ein Russe zu Zeiten des Kalten Krieges einen 1000-Meter-Lauf absolvieren? Der Amerikaner läuft als Erster durchs Ziel, der Russe als Zweiter.

Die *New York Times* berichtet: »Unser Landsmann belegte einen hervorragenden ersten Platz, während der Russe als Letzter durchs Ziel lief.«

Die *Prawda* berichtet: »Unser Landsmann belegte einen hervorragenden zweiten Platz, während der Amerikaner als Vorletzter durchs Ziel lief.«

Sie sehen, man kann jede Situation und auch jedes Statement in einem guten oder schlechten Licht erscheinen lassen.

Wenn Sie beispielsweise in einem Mitarbeitergespräch anprangern, dass ein Lieferant Ihren Einkäufern derart hochwertige Geschenke gemacht hat, dass der Rahmen des Üblichen überschritten wurde, könnte Ihr Mitarbeiter kontern:

»Wenn ich Sie recht verstehe, wollen Sie also den Lieferanten verprellen, der bis heute hervorragende Produkte zu hervorragenden Konditionen geliefert hat.«

Ihre Konsequenz wird hier als Fanatismus interpretiert – und Sie geraten schnell in Rechtfertigungsnot.

Auch ein harmloser Streit kann als »dynamische Diskussion« oder »Kampf bis aufs Messer« verstanden werden.

Sobald Ihr Gegner Begrifflichkeiten und Aussagen von Ihnen zu seinen Gunsten interpretiert, werden Sie in Ihrer Argumentation geschwächt, und es besteht sogar die Gefahr, dass Sie zu einer Rechtfertigung gedrängt werden und möglicherweise Kompromisse eingehen, die für Ihren Gegner von Vorteil sind.

Lassen Sie sich also nicht führen, und gehen Sie nicht davon aus, dass Ihr Gegner es gut mit Ihnen meint. Signalisieren Sie, dass Sie die Taktik durchschauen und lieber sachlich und konstruktiv verhandeln möchten.

Die Übersteigerungen Ihrer Argumente durch Ihren Gegner können Sie entkräften, indem Sie sie noch weiter ins Lächerliche ziehen: »Richtig, selbstverständlich werden unsere Produkte immer teurer! Mein Porsche zahlt sich ja schließlich nicht von allein!«

Wenn Ihr Gesprächspartner vermeintlich wohlwollend ist und Sie spürbar manipuliert, beharren Sie auf einem gemeinsamen Weg, der für beide Seiten Vorteile bringt.

Werden Ihre Argumente umgedeutet, können Sie lachend darauf hinweisen, dass Sie Ihren Gesprächspartner für einen tollen Rhetoriker halten, aber Wortklaubereien nicht Sinn und Ziel der Verhandlungen sind.

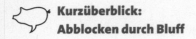

### Kurzüberblick:
### Abblocken durch Bluff

**Angriff:** Der Gesprächspartner stellt Behauptungen auf, die nicht belegt werden können.

**Kontern:** Hinterfragen Sie die Behauptungen und erbitten Sie Belege. Übersteigern Sie Aussagen Ihres Gegners, und geben Sie ihm mit einem Augenzwinkern zu verstehen, dass Sie die Taktik durchschaut haben und ihn für einen tollen Rhetoriker halten.

# Dirty Tricks, die mangelnden Respekt zeigen

## Abwerten statt respektieren

Sicherlich hat jeder schon einmal die Bekanntschaft eines Geschäftspartners oder eines Vorgesetzten gemacht, der nicht müde wird zu betonen, wie dankbar man sein muss, überhaupt von ihm wahrgenommen zu werden – geschweige denn als Gesprächspartner in Frage zu kommen.

Ein solch herablassendes Verhalten ist für den Betroffenen ohne Zweifel demütigend und verletzend. Und dem verständlichen Zorn folgt dann oft die Frage: Bin ich so sehr auf diesen Auftrag angewiesen, dass ich das mit mir machen lassen muss? Der Kunde ist zwar König, darf aber kein Diktator sein. Die Basis einer langfristigen und konstruktiven Zusammenarbeit ist Partnerschaft und kein Zweiklassen-System.

# Die provozierende Frage

**Die Story:**

Die folgende Anekdote schilderte mir ein Außendienstleiter, dessen Firma eine Baumarktkette mit verschiedenen Produkten beliefern sollte. Es ging um eine Neukundengewinnung, weshalb sich der Außendienstleiter persönlich mit einem seiner Mitarbeiter darum kümmerte. Hier seine Geschichte:

»Nach den ersten schriftlichen und telefonischen Verhandlungen, die vielversprechend klangen, wurde ich aus Berlin (dort ist der Hauptsitz unseres Unternehmens) zu einer persönlichen Verhandlung ins Saarland eingeladen. Mir wurde am Telefon klar gesagt, dass ohne das persönliche Erscheinen keine Auftragsvergabe möglich ist. Und so setzte ich mich mit einem meiner Mitarbeiter zusammen und diskutierte, ob sich dieser Aufwand lohnt. Da der Erstkontakt sehr konstruktiv war, wollten wir die Zeit investieren und fuhren zum Kunden. Zur vereinbarten Zeit erschienen wir und wurden von der Empfangsdame mit dem Hinweis in einen Warteraum geleitet, dass man uns ausrufen würde. Dort befanden sich außer uns bereits mehrere andere Wettbewerber, was unsere Stimmung nicht gerade hob.

Was uns auffiel: Dieser Warteraum hatte zehn verschlossene Türen. Nach einer halben Stunde wurden wir zu einer dieser Türen geführt. Dahinter befand sich ein kleiner Raum mit zwei Tischen und vier Stühlen ohne sonstige Ausstattung. Uns gegenüber befand sich eine weitere Tür, die wir jedoch nicht öffnen konnten. Fünf Minuten warteten wir dort und fühlten uns fast wie in einer Zelle, bis endlich durch die bislang verschlossene Tür zwei Herren eintraten; einer davon war mein Ansprechpartner.

Beim Händedruck erwischten die beiden Herren nur meine Finger, die schmerzhaft gequetscht wurden – meinem Mitarbeiter ging es ebenso. Dann wurden wir gebeten, wieder Platz zu nehmen. Bewirtung gab es keine, weder Wasser noch Kaffee oder Tee.

Die beiden Herren kamen direkt auf den Punkt. Wir hatten in den Vorgesprächen bereits ein Angebot abgegeben, das nun auf dem Tisch lag. Die Grundlage des Gesprächs war nun plötzlich die Frage: ›Wie weit können Sie Ihr vorliegendes Angebot reduzieren?‹ Nachdem wir eine symbolische Reduzierung in Verbindung mit einer monatlichen Mindestmenge angeboten hatten, wurde dieser neue Preis ohne weiteren Kommentar und ohne weitere Vereinbarung als neue Grundlage genommen und zusätzlich eine weitere zehnprozentige Preissenkung verlangt. Gleichzeitig wurde uns unmissverständlich mitgeteilt, dass eine Zusammenarbeit nur unter bestimmten Voraussetzungen erfolgen würde:

– Wir sollten kostenlos die Ausstattung der Verkaufsstellen in den einzelnen Baumärkten übernehmen.
– Auch unsere Schwesterfirmen müssten zu den gleichen Konditionen liefern.
– Wir sollten die Belieferung sämtlicher Baumärkte in Deutschland garantieren, unabhängig davon, ob wir in allen Regionen überhaupt Liefermöglichkeiten haben oder ob eine Lieferung nur mit höherem Aufwand und höheren Kosten möglich ist. Diese Kosten sollten wir selbstverständlich selbst tragen.
– Es sollten langfristige Zahlungsziele vereinbart werden

(wodurch für uns circa zwei Prozent Zinsverlust entstanden wären).

– Wir sollten unser firmeneigenes Abrechnungssystem an das Abrechnungssystem der Baumärkte anpassen – natürlich auf eigene Kosten.

Während uns diese Bedingungen regelrecht ›an den Kopf geworfen‹ wurden, fiel es uns schwer, die beiden Einkäufer deutlich zu sehen, denn wir waren so platziert, dass wir gegen das Sonnenlicht schauen mussten – als säßen wir in einem Verhör.

Die Verhandlungstaktik hatten wir längst durchschaut: Nach dem Motto ›Friss oder stirb‹ sollten wir dankbar sein, dass sich diese Baumarktkette überhaupt herabließ, mit uns zu sprechen.

Selbstverständlich wehrten wir uns sehr höflich und konstruktiv, doch der Kunde ging gar nicht darauf ein. Sehr brüsk und provokativ wurden uns Fragen gestellt: ›Wollen Sie so lange auf Ihrem Preis beharren, bis die Verhandlung platzt? Wollen Sie wirklich so lange warten, bis Sie in Ihrem Unternehmen als diejenigen dastehen, die einen großen Kunden an einen Wettbewerber verloren haben? Wollen Sie wirklich, dass der ganze Aufwand, den Sie bislang betrieben haben, umsonst war und Sie für die nächsten fünf Jahre keine Möglichkeit mehr haben, auch nur ein Bein in unsere Filialen zu bekommen? Wollen Sie das wirklich?‹

Die beabsichtigte Wirkung dieses Kreuzverhörs war deutlich zu spüren. Natürlich möchte niemand als derjenige dastehen, der einen Großkunden an einen Wettbewerber verliert. Und das wussten diese beiden Einkäufer und agierten auch entsprechend.«

Die Taktik war clever: Zunächst lässt man die beiden Außendienstler eine halbe Stunde in Gegenwart anderer Wettbewerber warten, was zumindest mangelnden Respekt zeigt, von den meisten sogar als herabwürdigend eingestuft wird, dann sitzen sie in einem kleinen kargen Raum, in dem eine der beiden Türen nicht zu öffnen ist; das Ganze erinnert an ein Verhör. Der schmerzhafte Händedruck, das grelle Licht und die fehlende Bewirtung tun ein Übriges, um die beiden Außendienstler zu schwächen. Auf dieser Basis stellten dann die Einkäufer ihre Forderungen: eine weitere Reduzierung des Preises sowie Geschäftsbedingungen, die für den Lieferanten Aufwand und Kosten bedeuten. Natürlich war den Einkäufern klar, dass dies unverschämte Konditionen und Forderungen sind. Deshalb versuchten Sie, die beiden Vertriebler mit provozierenden Fragen in die Enge zu treiben, indem sie ihnen als Perspektive Versagen und Gesichtsverlust in Aussicht stellten. Ein äußerst respektloses und herabwürdigendes Vorgehen.

Was sollten die beiden Außendienstmitarbeiter tun – zustimmen oder gehen? Zum Glück kannten die beiden solche Taktiken bereits und entschieden sich dafür zu gehen, trotz der bereits entstandenen Kosten und des erheblichen Aufwandes.

In einer solchen Situation muss man sich zunächst die zentrale Frage stellen: Will ich überhaupt mit einem Kunden zusammenarbeiten, der so mit mir umgeht? Bin ich so sehr in Not, dass ich diesen Partner unbedingt brauche, oder kann ich Abstand nehmen?

Wenn Sie darüber hinaus wissen, dass es sich lediglich um

eine Kommunikationsstrategie handelt, sind Sie gewappnet. Wer mit provozierenden Fragen arbeitet und mangelnden Respekt zeigt, wird dies auch schon im Vorfeld (der beschriebene Empfang im Unternehmen) einer Verhandlung tun – und Sie wissen, was auf Sie zukommen wird.

Lassen Sie sich im Gespräch nicht in die Enge treiben, sondern vergegenwärtigen Sie sich, dass Ihre Gesprächspartner offenbar auf diese Tricks – und auch auf Ihre Produkte – angewiesen sind.

Auf provozierende Fragen können Sie auch mit Gegenfragen reagieren:

»Was wollen Sie damit sagen?«

»Ich verstehe Ihre Frage nicht. Können Sie mir erläutern, worauf Sie hinauswollen?«

Entweder wiederholt Ihr Gesprächspartner seine Frage, dann wiederholen auch Sie Ihre Gegenfrage mit dem Zusatz: »Es tut mir leid, ich habe Sie immer noch nicht verstanden.«

Oder Ihr Gesprächspartner versucht, genauer zu erklären, was er mit dieser Frage meint. Da er seine Einschüchterungstaktik nicht enttarnen kann, wird er argumentieren. Und schon haben Sie seinen Angriff entschärft; Sie haben seine Taktik entlarvt und erhalten nun mehr Informationen, auf die Sie entsprechend eingehen können. Das Gespräch wird nun wieder auf einer sachlichen Ebene geführt, und niemand hat das Gesicht verloren.

**Kurzüberblick:
Die provozierende Frage**

**Angriff:** Ihr Gegner verweigert Ihnen den Respekt und erpresst Sie emotional mit provozierenden Fragen.

**Kontern:** Beantworten Sie für sich die Frage, ob Sie mit »Partnern« zusammenarbeiten möchten, die Ihnen gegenüber keinen Respekt zeigen.

Stellen Sie provozierende Gegenfragen: »Was wollen Sie damit sagen? Ich verstehe Ihre Frage nicht, worauf wollen Sie hinaus?«

Ihr Gesprächspartner wird sich rechtfertigen und argumentieren, und so befinden Sie sich wieder auf dem Weg in die Sachebene.

# Die Absturztaktik

**Die Story:**

Die Assistentin hatte mit dem bisherigen Vorstand immer konstruktiv und motiviert zusammenarbeiten können. Er hatte ihre Fachkenntnis und ihre Fähigkeit geschätzt, alles punktgenau zu koordinieren und zu organisieren. Als dieser Vorstand in den Ruhestand ging und ein Nachfolger seine Stelle antrat, schien die Zusammenarbeit genauso gut zu sein. Organisationstalent, Koordinationsfähigkeit, Zuverlässigkeit, Pünktlichkeit und Fachwissen der Assistentin wurden gelobt, und nachdem der neue Vorstand eingearbeitet war, konnte sie mit ruhigem Gewissen in Urlaub fahren. Doch nach ihrer Rückkehr kam der Absturz. Auf ihrem Schreibtisch lag deutlich sichtbar für alle anderen ein handgeschriebener Zettel des Vorstands: »Ich will nicht mehr mit Ihnen zusammenarbeiten, Sie sind ab sofort in Abteilung X versetzt.«

Eine ganz miese Taktik: erst hochjubeln, dann abstürzen lassen! Dass die Mitteilung längere Zeit sichtbar auf dem Schreibtisch gelegen hatte, macht den Trick noch schmutziger. Der Gesichtsverlust blockierte diese Vorstandsassistentin emotional zu sehr, als dass sie um ihren Job hätte kämpfen können – wer möchte schon bleiben, wenn er vor anderen so gedemütigt wurde. Manche in dieser Abteilung hatten sicherlich Mitleid mit ihr, etliche verspürten aber auch Schadenfreude. Durch dieses Verhalten verhinderte der Vorstand gezielt, dass seine Assistentin mit Hilfe des Betriebsrats um ihren Job streitet.

Wer so vorgeht, ist ein skrupelloser Machtmensch. Es geht nicht um eine faire Zusammenarbeit mit offener Kommunikation, sondern um Sieg. Diese Absturztaktik wird sehr oft in Verhandlungen eingesetzt, in denen Ihr Gesprächspartner über Sie triumphieren will. Üblicherweise wird in der Vorbereitung eine positive und vertrauensvolle Stimmung verbreitet; doch wenn die eigentliche Besprechung beginnt, erleben Sie Ihr blaues Wunder.

Dieser Dirty Trick kann in zwei unterschiedlichen Härtegraden angewandt werden.

In der gemäßigteren Variante ist Ihr Gesprächspartner eine Art wohlwollende Vaterfigur, hört geduldig zu, ist freundlich, nickt. Sie fühlen sich gut und aufgehoben – und dann kommt der Schock. Sie werden brutal in die Wirklichkeit zurückgeholt: »Nun, Herr Müller, ich habe Ihnen bislang mehr als geduldig zugehört, aber meine Zeit ist kostbar und begrenzt. Kehren wir deshalb also zurück zu den Tatsachen und sprechen wir über vernünftige Argumente. Alles andere ist reine Zeit- und Geldverschwendung.«

Ihr Gesprächspartner hat Ihnen klar zu verstehen gegeben: Ich bin der Stärkere und Reifere und führe das Gespräch. Auch bisherige Vereinbarungen und Absichtserklärungen gelten nun nicht mehr. Derart ernüchtert, sehen Sie Ihren Gesprächspartner nun als eine Art Leitwolf und verlieren Ihre gleichberechtigte Gesprächsposition.

Diese softere Form der Manipulation wird heutzutage bereits in nahezu allen Gesprächssituationen (auch zwischen Kunden und Verkäufern oder Einkäufern und Verkäufern) eingesetzt.


Die verschärfte Variante findet ihre Anwendung in der Regel bei Machtkämpfen innerhalb eines Unternehmens; in Verhandlungen mit Kunden oder Lieferanten könnte diese Art des Umgangs zum Abbruch der Beziehungen führen.

In diesen Fällen wird mit Du-Botschaften gearbeitet, direkten, unmissverständlichen Angriffen, die der reinen Provokation dienen:

»Ja, ich mag Sie. Aber wer seinen Hund liebt, muss nicht auch seine Flöhe mögen.«

»Ihr Charme wird nur noch durch Ihre Intelligenz übertroffen.«

»Sie haben eine schöne Stimme, aber etwas Vernünftiges hört man von Ihnen nicht.«

Wenn Sie Ihrem Ärger Luft gemacht haben, lässt man Sie brutal fallen und stellt Sie als denjenigen dar, der ein Problem hat. Schlimmstenfalls unterstellt man Ihnen psychische Schwierigkeiten.

Gegebenenfalls attackiert man Sie auch unmittelbar und beleidigend:

»Manche halten Ihre Ansichten für aufrecht und andere für dumm.«

»Bleiben Sie ruhig bei dieser Meinung. Für Sie ist die gut genug!«

»Bringen Sie erst einmal Ihr Äußeres in Ordnung. Dann reden wir über Ihre innere Haltung.«

»Wir wollen doch nicht schon am frühen Morgen lügen.«

»Was sagen Sie als Außenstehende zur Frage der Intelligenz?«

»Keiner ist unnütz – er kann immer noch als schlechtes Beispiel dienen.«

Wer darauf verständlicherweise wütend reagiert und sich derartige Bemerkungen verbittet, wird rhetorisch abgewimmelt.

Noch schlimmer sind jedoch Bemerkungen, die unter die Gürtellinie gehen und mit vermeintlichen Fakten aus der Sexualpsychologie arbeiten: »Es gibt Untersuchungen, die bestätigen, dass fehlgeleitetes Sexualverhalten in der Pubertät zu Aggressionen führt, die sich später unmotiviert in banalen Situationen entladen. Hat Sie schon einmal jemand darauf angesprochen?«

An diesem Punkt ist es unmöglich, das Gespräch sachlich fortzusetzen.

In einer solchen Situation sollten Sie vermeiden, emotional zu reagieren, denn wenn Sie sich aufgrund dieser Angriffe zu sehr echauffieren, spielen Sie Ihrem Gesprächspartner in die Hand.

Versuchen Sie, trotz Ihrer Empörung souverän und ruhig zu bleiben, indem Sie sich vergegenwärtigen, dass es sich um einen verbalen Trick Ihres Gegenübers handelt.

Lassen Sie sich nicht in Rage bringen, sondern kontern Sie mit den Worten: »Bitte machen Sie Ihr Problem nicht zu meinem!« Stellen Sie Fragen, insbesondere, wenn von psychologischen Untersuchungen die Rede ist: »Können Sie das spezifizieren? Oder sprechen Sie vielleicht von sich selber?«

Eine etwas derbere Replik wäre: »Ich verstehe, Sie sprechen von sich – gewissermaßen ein Hilferuf Ihrer Seele. Aber das ist nicht Gegenstand unserer Verhandlungen!«

### Kurzüberblick:
### Absturztaktik

**Angriff:** Sie werden umschmeichelt und anschließend brutal fallen gelassen.

**Kontern:** Seien Sie wachsam. Werden Sie misstrauisch, wenn man Sie allzu wohlwollend empfängt.

Kommt dann nach den Komplimenten der Absturz, haken Sie nach: »Wie meinen Sie das?«

Im schlimmsten Falle schlagen Sie mit den gleichen Waffen zurück – doch Vorsicht: Damit begeben Sie sich auf das Niveau Ihres Gegenübers.

# Dirty Tricks, die Ihre Nerven auf eine harte Probe stellen

## Nervenkrieg

Eine beliebte Taktik in Verhandlungen und Gesprächen ist es, mehr oder weniger geschickt einen Nervenkrieg anzuzetteln. Wer die schwächeren Nerven hat, streckt als Erster die Waffen, und der andere gewinnt.

## Good Cop, Bad Cop

**Die Story:**
Ein Kunde bat mich darum, anlässlich einer internationalen Tagung seiner Führungskräfte (Niederlassungsleiter aus

aller Herren Länder) einen Vortrag in englischer Sprache zum Thema Change Management zu halten. Das Ganze dauerte über drei Stunden, und in der Pause kam der Kunde auf mich zu und schilderte mir seinen Eindruck von der internationalen Führungscrew. Er machte mir einen Vorschlag: »Lassen Sie uns doch während der zweiten Hälfte des Vortrages ›Good Cop, Bad Cop‹ spielen. Sie sind der Good Cop und ich der Bad Cop, und ich werde immer wieder zwischendurch eingreifen. Dadurch geht es schneller in die Köpfe, wie wichtig Veränderungen für die Zukunft sind.«

Ich stimmte zu, und so machte der Kunde während meines Vortrags immer wieder scharfe Bemerkungen über die anstehenden Veränderungsprozesse, die die Anwesenden gewissermaßen in meine Arme trieben.

»Good Cop, Bad Cop« ist eine beliebte Taktik in allen Verhandlungen und Gesprächen, in denen der Gesprächspartner dazu gebracht werden soll, schnell Zugeständnisse zu machen. Auch in Einstellungsgesprächen wird diese Technik gern eingesetzt, da man den Bewerber so auf Herz und Nieren prüfen kann. Wie schon der Begriff besagt, agieren zwei Personen gemeinsam – ein Hardliner und eine sanfte, verständige Person. Der Softie beginnt das Gespräch, ist nett, vertrauensvoll und höflich. Auch die eigentliche Verhandlung gestaltet sich sehr angenehm, der höfliche Gesprächspartner hat Verständnis, ist engagiert. Noch schweigt der Hardliner und macht sich lediglich mit unbewegter Miene Notizen – bis er sich scheinbar unvermittelt ins Gespräch einschaltet, ungehalten reagiert, den Fortgang der Verhandlung als unbefriedigend darstellt, den Gesprächspartner attackiert und (überhöhte) Forderungen in den Raum stellt.

Der sanftere Kollege scheint den Hardliner beschwichtigen zu wollen, greift ein, zeigt Mitgefühl – worauf natürlich umgehend eine weitere Attacke des Hardliners folgt.

Dieses Wechselbad der Gefühle kocht jeden Verhandlungspartner weich, und so wird er unbewusst mehr und mehr in die Arme des Softies getrieben. Wenn die Zeit reif ist (ein häufiges Signal ist der Moment, in dem der Hardliner wegen einer dringenden Angelegenheit den Raum verlassen muss), wird ihn der Softie gewissermaßen erlösen und einen Kompromissvorschlag machen, auf den der Gesprächspartner sehr gerne eingeht.

Doch dieser angebliche Kompromiss entspricht genau dem Verhandlungsziel, das das Team erreichen wollte – und dennoch hat der Gesprächspartner das Gefühl, man habe etwas für ihn getan.

Es ist nicht ganz einfach, sich gegen diesen Trick zur Wehr zu setzen, zumal man es mit zwei Angreifern zu tun hat und die Nerven möglicherweise recht schnell blank liegen. Wenn Sie dem Good Cop blind vertrauen und seine Angebote nicht hinterfragen, haben Sie verloren – denn er ist der tatsächliche Übeltäter, der Bad Cop ist lediglich sein Werkzeug, sein verlängerter Arm.

Doch es gibt Möglichkeiten, auch in einer solchen Situation souverän zu bleiben; wird Ihnen der Hardliner unangenehm, bitten Sie um einen höflicheren Ton. Sie können auch um einen Termin für ein zweites Gespräch bitten – nach dem Motto: »Der beste Stundenlohn ist die Nachverhandlung!«

Machen Sie sich immer wieder bewusst, dass der Hardliner in Wirklichkeit der Schwächere ist; signalisieren Sie diesem eingespielten Team auf höfliche und sachliche Art (vielleicht auch mit einem Augenzwinkern), dass Sie die Vorgehensweise durchschauen.

 **Kurzüberblick: Good Cop, Bad Cop**

**Angriff:** Zwei Personen verhandeln mit Ihnen, der eine ist charmant und nett, der andere hart, barsch und grenzüberschreitend. Nach einiger Zeit lässt Sie der Bad Cop mit dem Good Cop allein. Dieser verbündet sich mit Ihnen und tut Ihnen angeblich einen Gefallen, indem er Sie bittet, auf ein bestimmtes Verhandlungsziel einzugehen.

**Kontern:** Wenn Sie wissen, dass das Ganze nur eine Taktik ist, können Sie den Spieß umdrehen. Tun Sie dem Good Cop einen vermeintlichen Gefallen und versichern Sie ihm, für ihn in Ihrem Unternehmen zu kämpfen, und setzen Sie das durch, was Sie für sich im Vorfeld als Maximal-Zugeständnis definiert haben.

## Die Gegenfragen-Straße

**Die Story:**
Ein führender Landespolitiker gibt nach einer für seine Partei ungünstig verlaufenden Landtagswahl ein Fernsehinterview.
Reporter: »Könnte das eine Führungsdiskussion auslösen?«
Politiker: »Was, bitte?«

Reporter: »Führungsdiskussion!«

Politiker: »Was verstehen Sie darunter?«

Reporter: »Einen Wechsel in der Führung.«

Politiker: »Ist ein Führungsmitglied an Sie herangetreten?«

Reporter: »Nein!«

Politiker: »Na, sehen Sie!«

Sie merken – hier hat kein wirkliches Gespräch stattgefunden. Der Reporter stellt eine Frage, auf die der Landespolitiker nicht antworten will, weil sie ihn möglicherweise bloßstellt. Also stellt er Gegenfragen und baut eine Gegenfragen-Straße auf. Er wirkt weiterhin höflich und gesprächsbereit, doch die Frage des Reporters bleibt unbeantwortet.

Politiker arbeiten häufig mit Gegenfragen-Straßen, ebenso wie Verkäufer, Einkäufer und Verhandlungspartner.

Auch diesen Trick kann man in unterschiedlicher Härte einsetzen.

Die sanftere Variante: Der Angesprochene antwortet mit zwei bis drei Gegenfragen. Dadurch verschafft er sich Zeit, um über seine Antwort nachzudenken. Außerdem kann er treffsicherer auf die Frage antworten, da er durch seine Gegenfragen hilfreiche Informationen bekommt.

Ein Beispiel:

Frau Meilinger spricht Herrn Kramer an.

Frau Meilinger: »Herr Kramer, warum essen Sie eigentlich kein Brot?«

Herr Kramer: »Warum fragen Sie?«

Frau Meilinger: »Ich habe Sie noch nie Brot essen sehen.«

Herr Kramer: »Ist für Sie Brot wichtig?«

Frau Meilinger: »Ja, ich halte Brot für einen wichtigen und gesunden Bestandteil unserer Nahrung.«

Herr Kramer: »Ich sehe das genauso. Ich esse Brot häufig zum Frühstück, nur bei der Gelegenheit haben wir uns noch nie getroffen. Vielleicht sollten wir das einmal nachholen und gemeinsam frühstücken.«

Man kann diese Gegenfragen natürlich auch etwas verschärfen, indem man so lange keine konkrete Antwort gibt, bis der Fragende sein eigentliches Anliegen aus den Augen verloren hat.

Frau Meilinger: »Herr Kramer, warum essen Sie eigentlich kein Brot?«

Herr Kramer: »Warum fragen Sie?«

Frau Meilinger: »Ich habe Sie noch nie Brot essen sehen.«

Herr Kramer: »Was ist falsch daran, kein Brot zu essen?«

Frau Meilinger: »Ich halte Brot für sehr wichtig und gesund.«

Herr Kramer: »Essen Sie denn Brot?«

Frau Meilinger: »Ich esse hin und wieder Brot.«

Herr Kramer: »Und wie schmeckt es Ihnen?«

Frau Meilinger: »Mir schmeckt Brot gut.«

Herr Kramer: »Das freut mich für Sie. Und was essen Sie sonst noch?«

Frau Meilinger: »Ich esse viele andere Dinge. Meine Nahrung ist sehr ausgewogen.«

Herr Kramer: »Wollen Sie mir denn unterstellen, dass ich nicht ausgewogen esse? Kennen Sie überhaupt meine Essgewohnheiten?«

Frau Meilinger: »Natürlich nicht, ich wollte Ihnen auf keinen Fall zu nahe treten.«

Herr Kramer: »Na sehen Sie!«

Anschließend wechselt er das Thema.

Wenn der Angesprochene eine Gegenfragen-Straße mit sechs bis sieben Fragen aufgebaut hat, verliert sein Gesprächspartner entweder den Überblick oder gerät in Rechtfertigungsnot.

Wenn Sie sich in einer solchen Gesprächssituation befinden, dürfen Sie sich nicht in die Enge treiben lassen; verlieren Sie nicht den Überblick und werden Sie nicht aggressiv.

Sie können sich wehren, indem Sie auf die Gegenfragen sehr zurückhaltend antworten und keine Informationen preisgeben, die gegen Sie verwendet werden könnten.

Bleiben Sie am Ball, weisen Sie immer wieder konsequent und energisch darauf hin, dass Sie eine Antwort erwarten – und keine Gegenfrage.

Natürlich können Sie ebenfalls mit einer Gegenfragen-Straße kontern; dieses Gespräch wird dann zu nichts führen bald unentschieden abgebrochen werden. An diesem Punkt hat Ihr Gegenüber längst verstanden, dass diese Taktik bei Ihnen nicht funktioniert, und das Gespräch kann an anderer Stelle fair und konstruktiv fortgesetzt werden.

 **Kurzüberblick: Die Gegenfragen-Straße**

**Angriff:** Im besten Falle möchte Ihr Gesprächspartner Zeit gewinnen, um seine Antworten gezielter und treffsicherer zu formulieren. Im schlimmsten Falle lässt Ihr Kontrahent Sie am langen Arm verhungern und verweigert eine Antwort.

**Kontern:** Bleiben Sie höflich und freundlich, aber konsequent, und weisen Sie immer wieder darauf hin, dass Ihre Frage noch nicht beantwortet wurde.

Kontern Sie ebenfalls mit Gegenfragen, weiß Ihr Kontrahent, dass Sie den Trick durchschaut haben.

## Der Keilblick

**Die Story:**

Stellen Sie sich vor, Sie stehen im Aufzug und jemand steigt zu. Wohin schauen Sie? Nach oben, nach unten oder zur Seite auf die Wand. Wieso weichen Sie dem Blick des anderen aus? Sie haben sicherlich keine Angst vor dem Mitfahrer. Der Grund liegt ganz woanders: Die Augen sind ein außerordentlich intensives, wenn nicht gar das intensivste Instrument der körpersprachlichen Kommunikation. Wenn Sie in der Enge des Fahrstuhls den Blickkontakt vermeiden, dann möchten Sie nicht unhöflich sein und dem anderen zu nahe treten. Im schlimmsten Falle könnte Ihr Blick als dreist oder sogar provozierend empfunden werden.

Blicke können sehr intensiv wirken und werden deshalb in Verhandlungen und Gesprächen geradezu als Waffe eingesetzt. Angreifer benutzten aber nicht den »normalen« Blick, sondern den Keilblick, bei dem die Nasenwurzel des Gegenübers fokussiert wird. Dieser Blickwinkel lässt das Kräfteverhältnis zu Gunsten des Angreifers kippen. Probieren Sie es einmal mit einem Partner aus und blicken Sie auf dessen Nasenwurzel. Obwohl Sie keinen direkten Augenkontakt haben, wird doch der Eindruck vermittelt, Sie schauten direkt in beide Augen Ihres Partners – und gleichzeitig »gleitet« dessen Blick ab, erreicht Sie nicht und bleibt wirkungslos.

Der Keilblick ist sehr intensiv; es ist schwer, ihn auszuhalten – es sein denn, man wendet die gleiche Technik an. Dann befindet man sich buchstäblich auf Augenhöhe.

Der Keilblick hat, geschickt eingesetzt, eine enorme Suggestivkraft; dem Betroffenen wird es schwer fallen, sich zu konzentrieren und die Aussagen des Angreifers kritisch zu hinterfragen. Dieser Trick versetzt einen Angreifer also in eine stärkere Position – wird dieser Blick jedoch zu lange und zu skrupellos eingesetzt, kann die Zielperson das Gespräch als negativ empfinden und den Angreifer ablehnen. Unter solchen Umständen wird es nicht zu einem vernünftigen Gesprächsergebnis kommen. Deshalb setzen geschickte Taktierer diese Technik nur selektiv ein – und erreichen dennoch ihr Ziel.

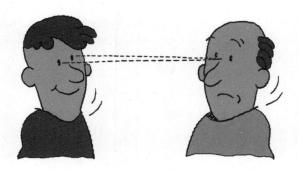

Auch bei diesem Dirty Trick geht es um Unterordnung und die Klärung von Machtverhältnissen. Wenn Sie sich irritieren und einschüchtern lassen, haben Sie verloren.

Da Sie in Verhandlungen Blickkontakte dieser Art nicht

vermeiden können, müssen Sie den Keilblick selber einsetzen – dann herrscht Waffengleichheit.

So üben Sie den Keilblick: Schauen Sie längere Zeit ruhig, ohne Nervosität und konzentriert auf einen Punkt, ungefähr zwei bis drei Meter entfernt. Ihr Blick sollte klar bleiben; selbstverständlich dürfen Sie Ihre Augenlider bewegen. Wenn es Ihnen gelingt, längere Zeit zu fokussieren, ohne dass Ihr Blick verschwommen wird, sind Sie fit für den Keilblick. Verschwimmt Ihr Blick, dann wirken Sie auf Ihren Gesprächspartner weniger konzentriert.

 **Kurzüberblick: Der Keilblick**

**Angriff:** Ihr Gegenüber schaut auf Ihre Nasenwurzel, um Sie zu irritieren.

**Kontern:** Natürlich können Sie diesem Blick ausweichen, doch das wirkt unhöflich und schwach. Trainieren Sie selbst den Keilblick und schaffen Sie Waffengleichheit.

## Das Kontrastgesetz

**Die Story:**
Eine 15-Jährige schreibt ihren besorgten Eltern:
»Liebe Mami, lieber Papi, wenn ihr diesen Brief erhaltet, bin ich schon längst nicht mehr im Internat. Ich hatte Streit mit zwei Schülern, und es ging ziemlich laut her. Dabei habe

ich einen der beiden Schüler niedergeschlagen (ich bin euch heute noch dankbar, dass ihr mich damals zum Karate-Lehrgang geschickt habt) und wollte mir gerade den zweiten Schüler vornehmen, da griff der Klassenlehrer ein. Es war nicht meine Schuld, aber als er dazwischenging, habe ich ihn statt des zweiten Schülers getroffen, und nun hat er ein geschwollenes Auge. Ich wurde dann sofort von den Lehrern unter Hausarrest gesetzt und musste in meinem Zimmer bleiben. Das Kollegium hat sich dann noch am gleichen Abend zusammengesetzt, um darüber zu beraten, mich von der Schule zu verweisen. Das war mir dann alles zu blöd, deshalb bin ich ausgerückt. Ich habe ein paar Bettlaken zusammengeknotet und bin nachts aus dem Fenster geklettert. Dabei bin ich abgerutscht; ich habe jetzt eine Schramme quer über das Gesicht, ziemlich tief. Ich denke, eine kleine Narbe wird zurückbleiben. Aber ihr habt ja immer gesagt: Es kommt vor allem auf die innere Schönheit an. Ich bin dann mit ein paar Rockern auf dem Motorrad nach Frankreich getrampt, und von da aus mit drei verschiedenen LKW-Fahrern weiter. Ich hatte natürlich kein Geld bei mir, deshalb musste ich mich anderweitig dankbar zeigen – ich will da jetzt nicht ins Detail gehen. Als ich endlich in Marseille ankam, bin ich auf einem Schiff rüber nach Afrika, als blinder Passagier. Dummerweise haben mich die Matrosen nach einem Tag entdeckt und ich wurde dem Kapitän vorgeführt. Na, von da ab musste ich täglich das Deck schrubben, in der Küche helfen und die Latrinen sauber machen, eine schlimme Arbeit! Aber wie ihr immer gesagt habt: Was mich nicht unterkriegt, macht mich stark. Meine Sachen sind dabei nach und nach alle verdreckt und zerrissen, deshalb habe ich von einem der Matrosen alte Seemannskleidung bekommen. Sie ist zwar nicht gerade sexy, aber so musste ich wenigstens nicht nackt herumlaufen. Kurz vor der Ankunft bin ich über Bord gesprungen, ein Stück geschwommen und habe mich so an der Einwanderungsbehörde vorbeigeschlichen. Um es kurz zu machen: Ich lebe jetzt in einem Eingeborenen-Kral, der Häuptling hat ein Auge auf mich geworfen und hat vor, mich nächste Woche zu heiraten. Ich bin dann seine vierte Frau. Ihr glaubt gar nicht, wie eifersüchtig die anderen drei Frauen sind. Ich sitze gerade in der Nebenhütte des Häuptlings und schreibe euch diesen Brief, einen Ring habe ich übrigens auch schon durch die Nase.

Okay, alles nur Spaß, ich wollte euch nur sagen: Ich habe eine Sechs in Mathe und meine Versetzung ist gefährdet.«

Man kann förmlich hören, wie die Eltern erleichtert aufatmen – nur eine Sechs in Mathe! Was wäre passiert, wenn die Tochter direkt geschrieben hätte, dass die Versetzung gefährdet ist? Die Eltern hätten wahrscheinlich die Hände über dem Kopf zusammengeschlagen. Mehr braucht man zum Kontrastgesetz nicht zu sagen – der Brief aus dem Internat spricht für sich selbst.

Diese Taktik wird oft eingesetzt, wenn jemand zu einer Zustimmung gedrängt werden soll. Ein weiteres Beispiel:

Ein Steuerprüfer sitzt bei einer Firma und zeigt sich außerordentlich charmant, zuvorkommend und höflich. Er wirkt harmlos, stellt freundliche Fragen zu allen möglichen Themen. Die Prüfung scheint problemlos zu verlaufen – doch kurz vor dem Abschluss lässt der Steuerprüfer die Bombe platzen und konfrontiert den Firmeninhaber mit einer Nachzahlungsforderung in Höhe von 60.000 Euro – hier kommt der »Columbo-Effekt« zum Tragen. Der Inhaber wehrt sich; er hat mit maximal 20.000 Euro gerechnet. Doch der Steuerprüfer setzt ihm die Pistole auf die Brust: »Ich habe noch eine Reihe anderer Unregelmäßigkeiten festgestellt; das kann gut und gerne eine Nachzahlung von 150.000 Euro bedeuten. Entweder Sie akzeptieren hier und jetzt die 60.000 Euro, oder Sie stehen mit einer Forderung von 150.000 Euro vor Gericht.«

Wer kann es dem Firmeninhaber verdenken, dass er auf das Angebot eingeht – er wählt das vermeintlich kleinere Übel und ist froh, dass es nicht schlimmer gekommen ist. Dabei hat er sein eigentliches Ziel aus den Augen verloren.

Wenn Sie die Forderungen, die auf dem Kontrastgesetz basieren, akzeptieren, haben Sie verloren. Vergegenwärtigen Sie sich, dass die verschärfte Forderung lediglich ein Bluff ist. Gehen Sie nicht darauf ein und konzentrieren Sie sich auf die zu verhandelnden Bedingungen. Stellen Sie die Bedingungen Ihres Kontrahenten als Scherz hin, auch wenn dieser auf seinen Forderungen besteht.

Signalisieren Sie, dass Sie diese Taktik durchschauen – vergessen Sie hierbei nicht das Augenzwinkern, damit Ihr Gesprächspartner nicht brüskiert wird.

**Kurzüberblick: Kontrastgesetz**

**Angriff:** Ihr Gegner blufft, stellt überhöhte Forderungen und droht mit weitaus schlimmeren Konsequenzen, wenn Sie nicht auf diese Forderungen eingehen.

**Kontern:** Machen Sie mit einem Augenzwinkern klar, dass Sie diesen Bluff durchschauen.

# Fangfragen

In Gesprächen, in denen man gewisse Informationen bekommen möchte, aber nicht direkt nachfragen kann – weil es unhöflich und indiskret wäre –, werden bevorzugt Fangfragen gestellt. Fangfragen sind scheinbar unverfänglich, doch deren Antworten führen über eine Art Assoziationskette oft zu der gewünschten Information.

**Die Story:**

In einem Einstellungsgespräch möchte der Personalchef herausfinden, ob der Bewerber mit einem Wagen gekommen ist. Anstatt direkt zu fragen – »Sind Sie mit dem Wagen gekommen?« –, thematisiert er etwas ganz anderes: »Haben Sie einen Parkplatz gefunden?« Egal wie die Antwort lautet, der Personalchef wird die Information bekommen – vielleicht ist der Bewerber mit der Bahn gekommen oder hat direkt vor dem Gebäude geparkt.

Fangfragen können auch in privaten Gesprächen eingesetzt werden. Jemand möchte herausfinden, in welcher
Straße Herr Schneider wohnt. Direkt danach zu fragen,
könnte bei den Nachbarn auf Argwohn stoßen. Also stellt
er die Frage ganz anders: »Entschuldigung, können Sie mir
sagen, wo der Spielplatz ist?«

»Ja, dort drüben, die zweite Straße rechts.«

»Ach, das ist doch da, wo Herr Schneider wohnt!«

»Nein, Herr Schneider wohnt in der ersten Straße rechts.«

Durch Fangfragen können Sie auch jemanden entlarven;
wenn sich Ihr Gegenüber damit brüstet, im besten Hotel der
Stadt abgestiegen zu sein, können Sie einfach herausfinden,
ob er die Wahrheit sagt: »Die Empfangschefin, Frau Strobel, begrüßt sie immer noch jeden Gast persönlich per
Handschlag?«

»Ja, das macht sie immer noch, man fühlt sich dadurch
richtig willkommen.«

»Und dieser große Kristalllüster, der im Empfangsraum
hängt, der sollte doch durch einen neuen Leuchtkörper aus-
getauscht werden. Haben die das bereits gemacht?«

»Ich glaube nicht, soweit ich mich erinnere, hängt der
Lüster dort immer noch.«

Pech gehabt, weder heißt die Empfangschefin Strobel,
noch begrüßt sie jeden Gast mit Handschlag, noch hängt in
der Empfangshalle ein Kristalllüster.

Wer im beruflichen Bereich Informationen über die finanzielle und wirtschaftliche Situation eines Wettbewerbers erhalten möchte, um diesen eventuell zu übernehmen, dem
nutzt es nichts, die kaufmännischen Angestellten des Wett-

bewerbers auszufragen. Deshalb sind die Techniker das Ziel, die üblicherweise stolz auf ihre Anlagen sind. Also verwickelt man, ohne sich zu erkennen zu geben, einen der Techniker in ein unverfängliches Gespräch und zeigt sich interessiert an seinen Maschinen. So erfährt man einiges:

»Wie viel druckt denn Ihre Druckstraße?«

»10.000 Blatt pro Stunde im Vollfarbdruck.«

»Müssen Sie die Druckstraße oft warten, oder ist die Auslastung nicht so hoch?«

»Doch die Auslastung liegt bei 97 Prozent. Die Druckstraße ist neu, so dass wir sie nur einmal monatlich warten müssen.«

»Einfach toll, das muss für Sie ja toll sein, wenn Sie derjenige sind, der diese neue Druckstraße bedient.«

»Ich bin nicht der Einzige. Keine der Druckstraßen in unserem Betrieb ist älter als vier Jahre, und die Auslastung liegt bei allen zwischen 92 und 97 Prozent.«

»Donnerwetter, aber das ist ja eine ganz schöne finanzielle Belastung für den Betrieb.«

»Im Gegenteil, die Kredite sind überwiegend abbezahlt, ich glaube auch deshalb, weil wir 40 Prozent des Kaufpreises bar auf den Tisch legen konnten. Unsere Firma ist sehr liquide.«

Die kaufmännischen Angestellten hätten sich wohl eher bedeckt gehalten, doch Techniker sind weniger misstrauisch und sprechen gerne über technische Dinge, die aber immer unweigerlich mit dem kaufmännischen Bereich verknüpft sind.

Wenn Ihnen jemand Fangfragen stellt, dann will er Informationen – und Sie sollen bestenfalls nicht bemerken, dass

Sie ausgehorcht werden. Seien Sie also auch in diesem Fall misstrauisch und wach und lassen Sie sich nicht auf vermeintlich harmlose Gespräche ein.

Es gibt zwei Möglichkeiten, sich gegen Fangfragen zu wehren und sich vor ihnen zu schützen:

**1.** Konfrontieren Sie Ihren Gesprächspartner direkt: » Weshalb möchten Sie das wissen?«, »Wollen Sie mich aushorchen?«

Ihr Gegenüber muss sich nun rechtfertigen, und die Gefahr für Sie ist gebannt.

**2.** Führen Sie die Fragen Ihres Gesprächspartners ad absurdum: »Wenn ich Ihnen jetzt eine Antwort gebe, was machen Sie dann mit dieser Information?« Der Fragende kommt ins Schleudern: »Was meinen Sie? Was sollte ich damit machen?«

»Ganz einfach: Behalten Sie diese Information für sich oder geben Sie sie an andere weiter?«

»Natürlich behalte ich diese Information für mich!«

»Warum fragen Sie dann überhaupt?«

»Ich frage aus reiner Neugierde, mich interessiert Ihre Antwort.«

»Wenn Sie also aus reiner Neugierde fragen, dann nützt doch diese Antwort keinem von uns beiden geschäftlich.«

Sie können auch durchaus schärfer kontern:

»Stehe ich jetzt vor Gericht?«

»Eine gute Antwort setzt immer eine gute Frage voraus. Ich warte jetzt auf Ihre gute Frage.«

»Das ist eine interessante Frage, zu der es ungefähr 65

Antworten gibt. Haben Sie eine Stunde Zeit, damit ich auch korrekt antworten kann?«

»Ihre Frage muss anders gestellt werden, so macht sie keinen Sinn.«

»Ihre Frage hat viel Gutes und viel Neues. Aber das Neue ist nicht gut und das Gute ist nicht neu.«

»Es lohnt sich immer, eine Frage zu stellen, aber nicht immer, sie zu beantworten.« (Oscar Wilde)

### Kurzüberblick:
### Fangfragen

**Angriff:** Durch scheinbar harmlose Fragen soll der Angegriffene Informationen preisgeben, ohne sich dessen bewusst zu sein.

**Kontern:** Banale Fragen, die nicht direkt zum Thema passen, sollten Sie aufhorchen lassen. Konfrontieren Sie dann direkt »Weshalb fragen Sie? Ist das eine Fangfrage?«, oder mit einem Augenzwinkern »Wollen Sie mich aushorchen?«

# Dirty Tricks, die Sie (nur scheinbar) zum Sieger machen

## Es ist verlockend, Gewinner zu sein

Wer möchte nicht gerne zu den Gewinnern gehören?

Durch einige verbale Tricks soll der Eindruck entstehen, Sie seien der Sieger in einer Situation. Wiegen Sie sich in Sicherheit, schlagen Ihre Gegner zu. Und schlimmstenfalls werden Sie noch nicht einmal merken, dass Sie eigentlich verloren haben.

Wahre Profis gehen so geschickt und subtil vor, dass Sie noch nicht einmal den leistesten Verdacht hegen, hier könnte ein schmutziger Trick vorliegen.

Im Gegenteil: Selbst wenn Sie verlieren, wenn Sie den Schaden haben, bleiben Sie dem anderen weiterhin wohlgesinnt.

# Die Knüller-Taktik

**Die Story:**

Dass erschreckend viele Menschen, darunter vor allem Senioren, durch vermeintliche Gewinne auf Kaffeefahrten gelockt werden, ist hinlänglich bekannt. Die angesprochenen Personen fühlen sich als Gewinner, lassen sich verführen und bezahlen dafür viel Geld.

Die Methoden dieser Bauernfänger sind schon recht clever und funktionieren seit Jahrzehnten. Doch es geht noch raffinierter.

Folgendes Fax erreichte mich an einem Freitagnachmittag (siehe nachfolgende Seite 122).

Meine erste Reaktion: »Ich kenne keinen Oliver, das ist wahrscheinlich ein Irrläufer, der aus Versehen bei mir gelandet ist.«

Meine zweite Reaktion: »Mensch, das ist ja ein richtiger Knüller, ein Geheimtipp! Vielleicht sollte ich gleich zuschlagen?«

Ernüchtert wurde ich erst, als ich nach einigen Recherchen feststellte, dass der angebliche Knüller gezielt als Irrläufer an viele Menschen geschickt worden war. Und alle die, die darauf reinfielen, kauften Aktien, von denen man sie auf normalem Wege nicht hätte überzeugen können.

Natürlich hängt niemand den »Geheimtipp« an die große Glocke – und so agieren die Betrüger weitestgehend unbehelligt. Die Zahl derer, die auf solche zufälligen »Knüller-Angebote« reinfallen, bleibt weiterhin groß.

*Hier die Meldung zu den Stammzellen*

---

MEDICAL NEWS 22.11.2007

## Neuartiges Stammzell-Verfahren verwendet menschliche Haut statt Embryos

NEWSWIRE - Einen bedeutenden Durchbruch im Kampf gegen schwere Erkrankungen stellt die von Wissenschaftlern am vergangenen Dienstag bekannt gegebene Meldung dar, dass es ihnen gelungen sei, Stammzellen aus der menschlichen Haut zu gewinnen und so die Debatte über die Verwendung von Zellen aus Embryos ad acta zu legen.

Die Entdeckung ermöglicht die vielversprechende Erforschung von noch ungeprägten Stammzellen bei der Erprobung neuer Medikamente und von Krankheitsverläufen, ohne dabei auf Embryos zurück greifen zu müssen, was zu gesetzlichen Einschränkungen bei der Forschung in den USA geführt hatte.

Die Wissenschaftler aus Japan und den USA haben dabei auch eine wesentliche Begrenzung für die therapeutische Verwendung von Stammzellen überwinden können. Denn die Stammzellen lassen sich unter Verwendung eines spezifischen genetischen Codes des jeweiligen Patienten herstellen, was zur Vermeidung der Abstoßungsreaktion von transplantiertem Gewebe oder von Organen führen sollte.

Das neuartige Verfahren dürfte zu einem raschen Fortschritt in der Erforschung von Behandlungsmethoden gegen Krebs, Alzheimer, Parkinson, Diabetes, Arthritis, Rückenmarksverletzungen, Schlaganfällen, Verbrennungen sowie Herzerkrankungen führen, da nun eine deutlich erhöhte Verfügbarkeit von Stammzellen gewährleistet ist.

"Dieser Beitrag ist erheblich in ihrer Bedeutung für die Stammzellenforschung, aber auch für das Tempo, mit dem wir in der Lage sind, die Nutzung dieser Technologie auch in der Praxis umzusetzen", so die Einschätzung der Wissenschaftler.

"Diese Entdeckung wird nicht nur die Forschung beflügeln, sie stellt zugleich einen neuen Weg dar, wie der Vorteil von Stammzellen für die Therapierung wesentlicher Humanerkrankungen zu Nutze gemacht werden kann." Stammzellen gelten als Allerheilmittel, weil sich in jede der 220 Zelltypen des menschlichen Organismus wandeln können. MN

---

### AKTIENPROFIL

**CellCyte Genetics (WKN: A0MLCV / Nasdaq OTCBB: CCYG)**
**Präparate zur zielgerichteten Steuerung von Stammzellen**

CellCyte Genetics Corp. ist der angehende Primus der Biotech-Branche auf dem Gebiet der Entdeckung und Entwicklung neuartiger Therapien, mit denen die Regenerative Medizin erst ermöglicht wird.

CellCytes einzigartigen therapeutischen Errungenschaften machen es zum ersten Mal möglich, Stammzellen über den eigenen Blutkreislauf des Patienten direkt an den gewünschten Ort im Organismus zu bringen und dort auch zu halten, um Reparatur bzw. Regeneration zu ermöglichen. Die Produkte des Unternehmens sind damit geeignet, die Zukunft der Regenerativen Medizin sowie der Organreparatur mittels Stammzellen nachhaltig zu verändern.

Es handelt sich dabei um die ersten Stammzellen unterstützenden Präparate überhaupt, die für klinische Studien gemäß des IND-Status der FDA zugelassen werden. CellCytes Präparat CCG-TH30 wird in klinischen Tests (Phase-I) angewendet, die voraussichtlich 2008 beginnen und auf homatopoetische, d.h. Blut bildende Herzstammzellen zur Behandlung von Patienten abzielen werden. (mehr siehe: www.cellcyte.com)

**Hochgesteckte Ziele**
MIDAS hat ein Kursziel von 10 Euro ausgegeben: ist das Präparat in Phase-I erfolgreich, könnte es weiter heraufgesetzt werden.

*- und das ist die Aktie, von der ich Dir erzählt hab, bei der jetzt die Post abgeht!*
*Gruß*
*Oliver*

Lassen Sie sich von solchen Angeboten nicht verleiten, auch wenn die Verlockung noch so groß ist. Gehen Sie logisch vor: Die Wahrscheinlichkeit, dass hier jemand gezielt einen Dirty Trick ausspielt, ist deutlich höher, als dass Sie aus Versehen den Knüller des Jahres in Ihren Händen halten. Schauen Sie in solchen Fällen auch auf den Absender. Wenn wie in diesem Falle auf dem Fax keine Absender-Faxnummer zu sehen ist, ist das ein weiterer Grund, misstrauisch zu werden. Liegt ein identifizierbarer Absender vor, dann können Sie immer noch rückfragen, wieso man Ihnen dieses Fax geschickt hat.

Auch in anderen Businessbereichen wird mit einer solchen Knüller-Taktik gearbeitet. Um Preise niedrig zu halten, werden Lockangebote gemacht, große Folgeaufträge in Aussicht gestellt, wenn bei der ersten Lieferung als Einstand der Preis gering ist. Selbst wenn sich tatsächlich Folgeaufträge anschließen, ist es schwer, die Preise wieder auf ein halbwegs vernünftiges Maß zu erhöhen.

Eine weitere Taktik, die Sie zum vermeintlichen Sieger macht, wird von Taschendieben praktiziert. Eine Touristengruppe befindet sich auf einem öffentlichen Platz im Ausland und wird plötzlich von einem sympathischen Einheimischen laut gewarnt: »Seien Sie bitte vorsichtig, es gibt hier Taschendiebe. Aber seien Sie unbesorgt – die wissen jetzt, dass Sie gewarnt wurden, und gehen woanders hin!«

Die Touristen fühlen sich gut, sie gehören zu den Siegern, denn sie werden nicht bestohlen, andere sind die Dummen!

Was sie allerdings nicht bedacht haben, ist ihr Impuls, im Moment der Warnung spontan an die Stelle zu greifen, an der das Portemonnaie sitzt. Und auf diesen Hinweis haben die Kollegen des freundlichen Warners nur gewartet.

**Kurzüberblick:
Die Knüller-Taktik**

**Angriff:** Es werden Angebote gemacht, die Ihnen das Gefühl geben, jetzt oder zumindest sehr bald auf der Überholspur zu sein.

**Kontern:** Fragen Sie sich: »Warum sollten die anderen an meinem Glück interessiert sein? Liegt eine schriftliche Vereinbarung über Folgeaufträge zu einem vernünftigen Preis vor?«

## Gezielt aufwerten

**Die Story:**

Sie sitzen mit Freunden oder Ihrer Familie in einem Restaurant. Der Kellner kommt an Ihren Tisch und händigt Ihnen mit einem freundlichen Lächeln die Speisekarten aus. Dabei hält er mit jedem von Ihnen kurz Blickkontakt. Bei der anschließenden Bestellung wiederholt er jedes einzelne Gericht und notiert es anschließend. Dabei schaut er immer wieder freundlich und höflich. Nach dem Hauptgericht schlägt er Ihnen verschiedene Desserts vor und geht auf Ihre Wünsche ein. Dabei fällt Ihnen auf, dass er sogar Ihre Gestik und Ihre

Mimik kopiert – ohne dabei aufdringlich oder lächerlich zu wirken. Seine gesamte Ausstrahlung ist freundlich und vertrauensvoll, man hat das Gefühl, er gehöre zu Ihnen.

Und wenn die Rechnung gezahlt wird, hat dieser Kellner sein Ziel erreicht. Er bekommt wesentlich mehr Trinkgeld als normalerweise üblich. Der Trick, den dieser Kellner hier bewusst oder intuitiv angewandt hat, ist das sogenannte Pacing.

Wenn Sie sich ein verliebtes Paar anschauen, werden Sie feststellen, dass die beiden die gleiche Mimik haben, die gleiche Gestik, die gleiche Körperhaltung, die gleiche Lautstärke, Geschwindigkeit, Betonung der Stimme und auch mit viel Interesse dem zuhören, was der andere sagt. Gesteuert wird das Ganze aus dem Unterbewusstsein.

Der Umkehrschluss liegt nah. Wenn ich auf eine nicht zu plumpe Art ganz gezielt die Mimik, Gestik, Körperhaltung, Stimme des anderen kopiere, so dass ein Gleichklang entsteht, wirkt das sympathisch. Die Zielperson hat den Eindruck, auf der Gewinnerseite zu sein. Ihr Gefühl sagt ihr: »Dieser Mensch ist mir wohlgesinnt, ich bekomme genau das, was ich haben will.«

Die Frage ist nun, ob man sich davor überhaupt schützen will oder muss. Achten Sie in Zukunft einfach nur darauf, ob beispielsweise ein Kellner den Gleichklang mit Ihnen sucht. Tun Sie das nicht, dann läuft das Pacing ausschließlich in Ihrem Unterbewusstsein ab.

Pacing findet sich auch in sämtlichen anderen Businessbereichen. Verhandlungs- und Gesprächspartner versuchen so, eine gute und vertrauensvolle Grundstimmung zu erzeugen. Wenn Sie ihn dann mögen, dann mögen Sie auch das, was er sagt. Eine gefährliche Taktik, da man sie in der Regel nie als Dirty Trick interpretieren würde. Wollen Sie sich auch hier schützen, dann bleiben Sie wach und beobachten Sie, ob Ihr Verhandlungs- oder Gesprächspartner den Trick einsetzt.

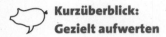
### Kurzüberblick: Gezielt aufwerten

**Angriff:** Ihr Gegenüber ahmt in einer freundlichen und positiven Weise Ihre gesamte Körpersprache sowie Ihre Sprachmelodie nach und ist sehr an Ihrem Wohl interessiert. Beim Geschäftsessen bestellt er das Gleiche wie Sie. Das Ergebnis: Sie schenken Ihrem Gegenüber weitaus mehr Vertrauen.

Vorsicht: Auch Good Cops arbeiten mit dieser Technik!

**Kontern:** Entscheiden Sie, ob Sie sich schützen wollen oder nicht. Beobachten Sie Ihre Verhandlungs- und Gesprächspartner aufmerksam.

# Dirty Tricks, die die Gesetze Ihrer Aufmerksamkeit/Unaufmerksamkeit ausnutzen

## Gezielt auf Ihre Unaufmerksamkeit setzen

Wer die Gesetze der menschlichen Aufmerksamkeit beziehungsweise Unaufmerksamkeit kennt, kann sie gezielt für sich nutzen. Diese Taktiken sind ausgesprochen gefährlich, weil sie sich Ihrer Kontrolle entziehen – es sei denn, Sie lernen diese Tricks kennen!

Andernfalls werden Sie von diesen schmutzigen Taktiken unterhalb Ihrer Bewußtseinsschwelle »erwischt« – und das ist tückisch. Wer aber sein Bewußtsein schärft, vermeidet diese unterschwellige Manipulation weitgehend. Rechnen Sie also in Zukunft mit den Tricks Ihres Gegenübers, und sehen Sie in ihm nicht per se den Gutmenschen.

# Die Alternativfrage

**Die Story:**

An einem sonnigen Samstagnachmittag sitzen Sie mit neun guten Freunden und Freundinnen in einem gemütlichen Gartenlokal. Das Essen war gut, alle sind satt und zufrieden. Da nähert sich der Kellner und fragt: »Möchten Sie Schokoladeneis oder Vanillecreme zum Nachtisch?«

Spontan gehen die Hände hoch, und es werden sieben Desserts bestellt.

»Keine schlechte Idee, das Dessert …«, denken Sie und erinnern sich an die vergangene Woche, als Sie schon einmal in diesem Lokal gegessen haben. Auch letzte Woche waren alle zufrieden und satt. Und der Kellner – allerdings ein anderer – hatte ebenfalls nach dem Dessert-Wunsch gefragt. Doch nur drei hatten Nachtisch bestellt. Wieso eigentlich? Es war genauso sonnig wie heute, der Kellner war genauso freundlich, und Zeit genug hatten alle, genau wie jetzt.

Was war also anders? Die Frage des Kellners war anders! In der vergangenen Woche lautete sie: »Möchten Sie noch Nachtisch?«, woraufhin die meisten mit »Nein, danke« abgelehnt hatten. Der erfolgreiche Kellner hatte hingegen eine Alternativfrage gestellt: »Möchten Sie Schokoladeneis oder Vanillecreme zum Nachtisch?«

Zwischen diesen beiden Fragen besteht ein himmelweiter Unterschied; eine geschlossene Frage nach dem Dessert erzeugt vor Ihrem geistigen Auge statt eines verführerischen Bildes nur Leere – ganz im Gegenteil zu der alternativen

Frage nach Schokoladeneis oder Vanillecreme. Möglicherweise läuft Ihnen schon das Wasser im Mund zusammen – und wer kann dann noch ablehnen?

Aber auch hier stellt sich die Frage: Wollen Sie sich gegen eine solche Taktik überhaupt wehren?

Anders sieht es natürlich im beruflichen Umfeld aus. Fragt Sie der Verkäufer, bevor Sie sich überhaupt für das Sofa entschieden haben: »Möchten Sie das Möbel in einem Monat oder in sechs Wochen geliefert bekommen?«, sollten Sie hellhörig werden. Sie sollen zu einer Kaufentscheidung gedrängt werden.

Achten Sie in Zukunft immer darauf, ob Ihnen jemand Alternativfragen stellt und Sie so möglicherweise »verführen« will.

**Kurzüberblick:
Die Alternativfrage**

**Angriff:** Ihr Gesprächs- oder Verhandlungspartner stellt Ihnen mit der Alternativfrage etwas Positives in Aussicht, erzeugt ein sogenanntes Stimmungsbild vor Ihrem geistigen Auge, von dem Sie sich nur schwer lösen können. Sie werden möglicherweise zu einer Entscheidung gedrängt.

**Kontern:** Seien Sie hellwach. Nehmen Sie es bewusst war, wenn Ihnen eine Alternativfrage gestellt wird. So erkennen Sie eine mögliche Beeinflussung früh genug.

# Der Aufwärmphasen-Trick

**Die Story:**

Sie stehen am Counter eines Fastfood-Restaurants und werden gefragt, welche Größe Ihr Getränk haben soll – und diese Frage wird sehr bewusst formuliert: »Möchten Sie das kleinere oder größere Getränk haben?«

Die meisten entscheiden sich für das größere Getränk, weil es an zweiter Stelle genannt wird. Und natürlich bedeutet das größere Getränk höheren Umsatz. Der Grund für diese Reaktion ist schnell erklärt. Jeder Mensch durchläuft immer eine gewisse »Aufwärmphase«, bis seine Konzentration auf dem Höchststand ist; in unserem Falle dann, wenn das größere Getränk vorgeschlagen wird.

Sicher kennen Sie die Ausrufe am Flughafen:

»Herr Meier, bitte zum Schalter. Bitte kommen Sie zum Schalter!«

Die meisten Reisenden bekommen den Namen nicht mit, sondern nur die Aussage: »Bitte zum Schalter!«

Anders sieht es aus, wenn folgende Ansage erklingt: »Herr Meier, kommen Sie bitte zum Schalter. Bitte zum Schalter. Herr Meier, bitte zum Schalter.«

In dem Fall wird der Name genau dann noch einmal genannt, wenn die Konzentration voll da ist. Und dieses Prinzip wird auch bei der Frage nach dem Getränk im Fastfood-Restaurant genutzt.

Wenn also zwei alternative Aussagen in demselben Satz vorkommen, vergegenwärtigen Sie sich, dass Sie die Tendenz haben, der zweiten Alternative Vorrang zu geben. Überdenken Sie ganz bewusst Ihre Entscheidung. Ist Ihnen die erste Alternative nicht mehr geläufig, dann bitten Sie darum, den Satz noch mal zu wiederholen. Konzentrieren Sie sich diesmal auf jeden Fall auf die erste Alternative, besonders dann, wenn Verhandlungen und Gespräche auf wichtige Entscheidungen zusteuern.

### Kurzüberblick:
### Der Aufwärmphasen-Trick

**Angriff:** Sie werden gebeten, sich zwischen zwei Alternativen zu entscheiden. Dabei erwähnt Ihr Gesprächspartner seine bevorzugte Entscheidung als zweite Alternative und hofft darauf, dass Sie nur diese wahrnehmen.

**Kontern:** Wenn Sie bemerken, dass in einem Angebot zwei Alternativen genannt werden, seien Sie misstrauisch und rechnen Sie damit, dass man Sie manipulieren möchte, die zweite Alternative zu wählen.

Bitten Sie Ihren Gesprächspartner, das Angebot noch einmal zu wiederholen. Konzentrieren Sie sich nun bewusst auf die erste Alternative.

# Schlagfertigkeit und schwarze Rhetorik

## Grenzenloser Opportunismus

Es herrscht grenzenloser Opportunismus – in der Wirtschaft und in der Politik. Schnelle Erfolge scheinen wichtiger als langfristige und nutzenorientierte Entscheidungen zu sein, und meist ist der Schaden höher als der Nutzen.

Um zu gewinnen und zu besiegen, bedienen sich Gesprächs- und Verhandlungspartner und auch Politiker in Debatten oder Interviews nicht nur Dirty Tricks und mieser Taktiken und Listen; sie verfügen auch über andere rhetorische Waffen.

Werfen wir einen Blick auf die gebräuchlichsten dieser Kommunikationstaktiken, die in erster Linie dazu dienen, andere zu besiegen, in die Enge zu treiben oder sprachlos zu machen.

# Die Wahrheit-Meinungs-Taktik

Bundeskanzler Schröder wurde während seiner Amtszeit von einem Reporter kritisch angesprochen: »Die Schwierigkeiten zwischen Ihnen und Ihrer Partei fangen doch erst an. Wenn Sie Realist sind, müssen Sie das zugeben!«

Schröders Antwort: »Das mag Ihre subjektive Meinung sein, das ist aber nicht die Wahrheit! In Wirklichkeit sieht das Ganze so aus ...«

Er stellte seine Sicht der Dinge dar und verkaufte sie als die Wahrheit, verbat sich dabei jede Unterbrechung und wandte sich anschließend einem anderen Reporter zu.

Diese Methode eignet sich ausgezeichnet, um dann einen Riegel vorzuschieben, wenn jemand Sie auf Ihre Schwachpunkte anspricht und den Finger in die Wunde legen will. Indem Sie dem anderen klarmachen, dass seine Wahrheit in Wirklichkeit nur eine subjektive und damit irrige Meinung ist, Ihre Sicht der Dinge hingegen der Realität entspricht, entschärfen Sie Attacken und Angriffe. Indirekt sagen Sie damit: »Sie wollen Ihre Meinung als Wahrheit verkaufen, aber ich durchschaue das! Wir beide kehren jetzt gemeinsam wieder auf den Boden der Tatsachen und zur Realität zurück. Folgen Sie mir einfach, dann ist Ihr Fehler korrigiert.«

Hier ein paar Antworten, die universell einsetzbar sind:

»Das mag Ihre Meinung sein, aber die Realität sieht anders aus!«

»Das mag ja Ihr subjektiver Standpunkt sein, aber die Tatsachen sehen folgendermaßen aus ...«

»Das mögen Sie ja persönlich so sehen, aber objektiv betrachtet ist es anders!«

»Wenn Sie einmal links und einmal rechts am Ziel vorbeigeschossen haben, haben Sie statistisch gesehen getroffen.«

Geschickt eingesetzt, können Taktiker Sie mit dieser rhetorischen Waffe überrumpeln.

Machen Sie in diesem Falle Ihrem Gesprächspartner klar, dass tatsächlich er seine subjektive Meinung als Wahrheit beziehungsweise Realität verkaufen will, Sie dies jedoch nicht akzeptieren.

## Dein-Problem-Methode

Sie sitzen in einem Meeting und stellen konsequent und energisch Ihre Sicht der Dinge dar. Ein anderer Teilnehmer hat Ressentiments Ihnen gegenüber und greift Sie scharf an. Mit der Dein-Problem-Methode schaffen Sie es in der Regel, solche Attacken erfolgreich abzuwehren.

Auf den Vorwurf »Sie drängen sich immer in den Vordergrund!« können Sie souverän kontern: »Sie finden, ich dränge mich immer in den Vordergrund? Das ist Ihr Problem!«

Mit dieser Taktik schmettern Sie vor allem solche Attacken und Vorwürfe ab, die unter die Gürtellinie gehen sollen, indem Sie das Statement des anderen als sein ganz individuelles, persönliches Problem bezeichnen. Und oftmals liegen Sie mit dieser Antwort ganz richtig, denn so mancher Angriff basiert auf persönlichen Zwistigkeiten.

Die Dein-Problem-Methode dient dazu, Attacken auf den Angreifer umzulenken und ihn mit seinen eigenen Waffen zu schlagen.

Aber Vorsicht: Natürlich kann Ihr Angreifer ebenfalls diese Waffe nutzen, um damit Ihre Argumente in einer Preisverhandlung zu schwächen.

Thematisieren Sie wiederum mit einem Augenzwinkern, dass Sie diese Taktik kennen, und bitten Sie darum, wieder auf eine konstruktive sachliche Ebene zurückzukehren.

## Die Humor-Taktik

Die Königsdisziplin der Schlagfertigkeit ist sicherlich das humorvolle Kontern.

Anlässlich eines Banketts fühlte sich Lady Astor von Churchill angegriffen und schlug folgendermaßen zurück:

»Wenn ich Ihre Frau wäre, würde ich Ihnen Gift geben.«

Churchill konterte daraufhin:

»Wenn ich Ihr Mann wäre, würde ich es nehmen!«

Churchill hat brillant und schlagfertig reagiert; wenn mit Humor gekontert wird, entspannt sich eine verzwickte Gesprächssituation umgehend.

Hätte Lady Astor nachgelegt: »Mister Churchill, Sie sind ja völlig betrunken!«, hätte Churchill wiederum erwidern können: »In Ihrer Gegenwart werde ich schlagartig nüchtern.«

Doch auch humoriges Kontern hat seine Grenzen und kann zu einer Eskalation führen; deshalb ist es wichtig, situativ zu entscheiden, wie scharf man reagiert.

Hier ein paar Beispiele für einen verbalen Schlagabtausch, der nicht entgleitet.

»An Ihrer Stelle würde ich mir einen neuen Job suchen.«
»Gerne, wird Ihre Position frei?«

»Ich bin mir nicht sicher, ob Sie mich verstehen?!«
»Sie sprechen laut genug!«

»Mein Mann hat hundert Leute unter sich!«
»Ach, ist er Friedhofsgärtner?!«

»Angeklagter, beschreiben Sie, wie Sie den Panzerschrank geknackt haben.«
»Das kann ich hier nicht erzählen, die Konkurrenz sitzt unter den Zuschauern.«

## Die Klarzeichner-Taktik

Bei dieser Taktik greifen Sie versteckte, verklausulierte Angriffe auf und stellen unmissverständlich und zuweilen auch leicht überzeichnet dar, was der andere sagen wollte. Dadurch schreckt der Gesprächspartner zurück.

Ein Beispiel: In einer Besprechung erklären Sie den Teilnehmern, welche Vorgehensweise Sie bevorzugen, als Sie ein Kollege angreift: »Jeder weiß doch, dass sich das so nicht realisieren lässt.«

Sie kontern mit der Klarzeichner-Taktik: »Wollen Sie etwa damit sagen, dass ich mich nicht auskenne, dass ich nicht weiß, wovon ich rede? Dann sollten wir beide uns dringend nachher in meinem Büro zusammensetzen!«

In der Regel schwächt die Klarzeichner-Taktik den Angriff des anderen ab – er schreckt vor seiner eigenen Courage zurück.

Führungskräfte bedienen sich gerne dieser Taktik, und hier genügen in der Regel leise Töne, wenn es sich um Untergebene handelt.

## Die Zweisilber-Methode

Sie werden in einem Meeting angegriffen und reagieren lediglich mit zweisilbigen Kommentaren; diese kurzen Antworten blocken den Angriff sofort ab und signalisieren, dass Sie den Angriff nicht ernst nehmen und ungerührt Ihre Ausführungen fortsetzen.

Ein Beispiel:

»Sie sollten Ihren Vortrag besser vorbereiten!«

»Ach was!«

Oder: »So, so!«

Oder: »Ah ja?«

# Die Gefährlichkeit der Subtilität

Wirkliche Meister auf dem Gebiet der Dirty Tricks verwenden Taktiken so subtil, dass der Gesprächspartner nicht merkt, dass er manipuliert wird. Wenn Ihr Gegenüber beispielsweise Ihre Tabu-Zone nur hier und da ein wenig überschreitet, wird nur Ihr Unterbewusstsein darauf reagieren. Bewusst wird Ihnen Ihre geschwächte Situation oft nicht.

Vielen meiner Seminarteilnehmer wurde erst nach einem entsprechenden Training klar, welchen subtilen Tricks sie bisher ausgeliefert waren.

Wenn verschiedene Methoden miteinander kombiniert werden, ist es noch schwieriger, den Überblick zu behalten und entsprechend zu kontern. Bei den meisten Begebenheiten, die mir Seminarteilnehmer schilderten, waren immer mehrere Tricks im Spiel. So auch im Fall von Herrn Clemens, der von einem Kunden zu einer Preisverhandlung eingeladen wurde. Die Verhandlung fand wie üblich im Hause des Kunden statt. Vor Ort stellte sich heraus, dass der »Verbündete« von Herrn Clemens, sein bisheriger Ansprechpartner, sich gerade im Urlaub befand. Auch dies ist eine gern genutzte schmutzige Taktik, denn dieser »Verbündete« hatte als Qualitätsbeauftragter den Service der Firma von Herrn Clemens hoch angesiedelt. (Die Chinesen kennen diese List als »Locke den Tiger vom Berg«; Isolations-Taktik.)

Das Gespräch fand mit zwei Einkäufern statt, die sehr subtil mit der Good-Cop-Bad-Cop-Taktik arbeiteten. Gleichzeitig wurde immer wieder die Tabu-Grenze von Herrn Clemens verletzt, und seine Einwände wurden humorvoll abgeblockt.

Herr Clemens konnte den größten Teil der Dirty Tricks nicht erkennen, weil sie ihm nicht geläufig waren. Erst während des Seminars wurde ihm Stück für Stück klar, auf was er sich damals eingelassen hatte. Das Ergebnis – er hatte weitaus mehr Zugeständnisse gemacht als geplant – ärgert ihn noch heute.

Seien Sie also gewappnet: Die Kombination verschiedener Taktiken kann Ihnen besonders gefährlich werden.

# So entwickeln Sie ein »Frühwarnsystem«

## Die Transaktionsanalyse

Manche Menschen fallen aufgrund ihrer charakterlichen Eigenschaften eher miesen Tricks zum Opfer; andere werden eher zum Täter. Eine diesbezügliche Einschätzung Ihrer Gesprächspartner kann schon sehr nützlich sein, um sich auf eventuelle Tricks vorzubereiten. Eine bewährte Hilfe ist die Transaktionsanalyse.

Die Transaktionsanalyse (TA) ist eine aus der Psychoanalyse abgeleitete Theorie. Mit ihrer Hilfe kann menschliches Verhalten erklärt und beschrieben werden, können gerade in schwierigen Situationen Verhaltensmuster Ihres Gesprächspartners erkannt und Gesprächssituationen bewusst und gezielt positiv beeinflusst werden. Das Ziel der Transaktionanalyse ist das Akzeptieren der eigenen Person und eine Veränderung des bisherigen Verhaltens. Die Klarheit gegenüber den eigenen Gefühlen hilft im Umgang mit anderen Menschen, weil man so in der Lage ist, Klarheit über die tatsächlichen Erwartungen des Gegenübers zu erlangen. So kann man auch in schwierigen Situationen angemessen reagieren und agieren.

Die TA geht davon aus, dass die menschliche Persönlichkeit aus drei sogenannten »Ich-Zuständen« besteht und alles Verhalten, Denken und Fühlen durch diese drei Zustände bestimmt wird.

Wir befinden uns immer in einem der folgenden Zustände:

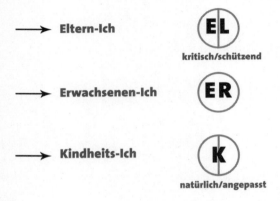

Beim Eltern-Ich unterscheidet man noch zwischen dem kritischen und dem schützenden Eltern-Ich, und beim Kindheits-Ich zwischen dem natürlichen und dem angepassten Kindheits-Ich.

Die Begriffe Eltern-Ich, Kindheits-Ich und Erwachsenen-Ich sind bewusst so plakativ gewählt. Sie sollen verdeutlichen, dass Sie sich in bestimmten Situationen wie Eltern verhalten, in anderen wiederum wie Kinder oder Erwachsene.

# Die Ich-Zustände
# in der Transaktionsanalyse

## kritisches Eltern-Ich

- wertet negativ
- verallgemeinert
- befiehlt
- bestraft
- schulmeistert
- moralisiert

## schützendes Eltern-Ich

- wertet positiv
- hört zu
- hat Verständnis
- gleicht aus
- beruhigt
- tröstet

## Erwachsenen-Ich

- beobachtet
- informiert
- entscheidet
- hört zu
- denkt in Alternativen
- schätzt Wahrscheinlichkeiten ab
- überprüft Normen und Gefühle

## natürliches Kindheits-Ich

- spontan, impulsiv
- direkt
- rebellisch
- aggressiv
- sucht Abwechslung
  und Spaß

## angepasstes Kindheits-Ich

- tut sich leid
- hilflos
- traut sich nicht
- wartet, bis es besser wird
- ist unsicher

Wenn Sie sich im Zustand des kritischen Eltern-Ichs befinden, verhalten Sie sich so wie ein ermahnendes oder bestrafendes Elternteil; Sie setzen Regeln mit dem Ziel, dass der andere diese Regeln mehr oder weniger freiwillig akzeptiert und befolgt.

Einige typische Aussagen:

»Das tut man nicht.«

»Das können Sie nicht machen.«

»Sie kommen immer zu spät.«

»Wenn das noch mal vorkommt, dann muss ich Sie abmahnen.«

»Werden Sie nicht frech.«

Wenn man so mit Ihnen umgeht, fühlen Sie sich moralisiert und geschulmeistert, im besten Falle wohlwollend an die Hand genommen.

Befinden Sie sich im schützenden Eltern-Ich, verhalten Sie sich so wie fürsorgliche Eltern ihren Kindern gegenüber: schützend und unterstützend. Sie trösten, motivieren und zeigen positive Aspekte auf.

Einige typische Aussagen:

»Morgen sieht die Welt schon wieder anders aus.«

»Kommen Sie, ich helfe Ihnen, das wird schon klappen.«

»Wenn Sie möchten, dann zeige ich Ihnen, wie es geht.«

»Ich stehe hinter Ihnen, darauf können Sie sich verlassen.«

»Ich mach das für Sie, ich lasse Sie nicht hängen.«

Natürlich gibt es auch hier Spielarten; so können Sie Hilfe anbieten, die Ihr Gegenüber freiwillig annimmt, oder Sie erdrücken den anderen so mit Nächstenliebe, dass er völlig unselbständig wird. Die Bandbreite reicht von feinfühliger Unterstützung bis zur Vormundschaft.

Das Erwachsenen-Ich löst Probleme auf konstruktive, sachliche, positive und freundliche Art – im Vordergrund steht eine Win-Win-Situation.

Einige typische Aussagen:

»Entschuldigen Sie, können Sie mir sagen, wie spät es ist?«

»Bitte zeigen Sie mir Ihren Ausweis.«

»Da haben wir ein Problem, gehen wir doch gemeinsam die Lösung an.«

»Schauen wir doch einmal gemeinsam, welche Entscheidung für unser Ziel die optimale ist.«

Natürlich kann auch auf dieser Ebene hart diskutiert und argumentiert werden; jedoch immer sachlich und fair ohne Angriffe.

Das natürliche Kindheits-Ich geht ganz spontan seinen Gefühlen, Bedürfnissen und Wünschen nach – so wie es gerade kommt. Keinerlei Regeln engen sein Verhalten ein, niemand schulmeistert oder bestraft. Dadurch ist das Kind mal rebellisch, mal fröhlich und mal wütend.

Einige typische Aussagen:

»Das war alles total schön.«

»Ich bin der Größte.«

»Du bist doof, und ich bin schlau.«

»So ein Mist, wieso ist das schon wieder schiefgegangen?«

»Super, lassen Sie uns doch einfach auf den Erfolg anstoßen.«

Das natürliche Kind kann relativ still und introvertiert sein, aber auch extrovertiert und ziemlich anstrengend und geradezu nach Regeln verlangend – auch hier findet sich eine gewisse Bandbreite.

Das angepasste Kindheits-Ich unterwirft sich den vorgegebenen Regeln einer anderen Macht, natürlicherweise den Eltern – das gilt auch für gesellschaftliche Regeln, Gesetze, die Regeln eines Unternehmens, der Kunden, des Marktes.

Einige typische Aussagen, die signalisieren, dass die Regel aus Gründen der Vernunft akzeptiert wurde:

»Einverstanden, ich übernehme das Projekt.«

»Wenn es unbedingt sein muss, zahle ich das Bußgeld.«

»Ich gehe trotz Kopfschmerzen zur Arbeit, bevor ich Probleme bekomme.«

»Der Chef hat entschieden, er hat das Sagen, also richten wir uns danach.«

Doch auch die Anpassung kann Grenzen haben; so wird nicht unbedingt alles hingenommen: Die jährliche Zielvereinbarung wird nur grummelnd akzeptiert oder das Gerichtsurteil unter Protest. Der Betroffene fühlt sich zu etwas gezwungen.

Jeder von uns befindet sich immer in einem dieser Zustände und durchläuft innerhalb einer Woche (selten auch mal innerhalb eines Tages) alle fünf Zustände, je nach Situation und momentaner innerer Einstellung.

Allerdings hat jeder Mensch einen dominanten Ich-Zustand, der längerfristig oder am deutlichsten auftritt – und danach richtet sich auch die Anfälligkeit für bestimmte Manipulationen.

In den folgenden kurzen »Transaktions-Szenen« wird deutlich, wie diese Ich-Zustände in der Interaktion zwischen zwei Personen funktionieren und das Gespräch, das Verhalten, die Aktionen und die Reaktionen deutlich beeinflussen.

**Beispiel 1:**

Zwei Personen treffen sich. Person A fragt Person B in einem höflichen, sachlichen, freundlichen Stil: »Können Sie mir bitte sagen, wie ich zum Bahnhof komme?«

Person B antwortet im gleichen Ton: »Ja, sicher. Sie gehen bis zur Ampel dort, dann rechts, und dann müssten Sie den Bahnhof schon sehen.«

Person A hat Person B aus dem Erwachsenen-Ich heraus angesprochen. Person B antwortet in der gleichen sachlichen Form aus dem Erwachsenen-Ich. Dargestellt wird diese Transaktion durch die zwei Pfeile im unteren Bild. Es ergibt sich eine sogenannte parallele Transaktion, die konfliktfrei abläuft.

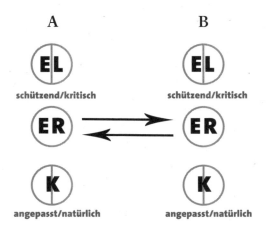

**Beispiel 2:**

Person A (Vorgesetzter) sagt zu Person B (Mitarbeiter): »Wenn das noch einmal vorkommt, werden Sie mich kennenlernen!«

Der Mitarbeiter antwortet: »Glauben Sie mir bitte, das wird nie wieder passieren.«

Person A hat Person B aus dem kritischen Eltern-Ich heraus ganz klare Regeln gesetzt. Wie hart und nachdrücklich sie das sagt, können wir an dieser Stelle nicht genau bestimmen, denn es hängt auch vom Klang ihrer Stimme und ihrer Körpersprache ab. Der Mitarbeiter wiederum unterwirft sich diesen Regeln.

Im Bild ist dies wieder durch zwei Pfeile dargestellt, auch hier ergibt sich wieder eine parallele Transaktion, die konfliktfrei abläuft.

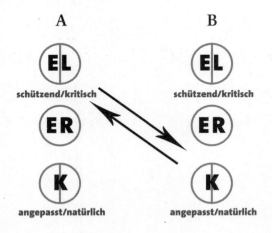

**Beispiel 3:**

Person A sagt höflich zu Person B: »Können Sie mir bitte sagen, wie ich zum Bahnhof komme?«
　Person B antwortet sehr rüde: »Wenn Sie das nicht mal wissen, ist Ihnen auch nicht zu helfen!«

Wie im unteren Bild zu sehen ist, fragt Person A konstruktiv aus dem Erwachsenen-Ich heraus und wünscht sich eine Antwort auf gleicher Ebene, bekommt aber von Person B eine unhöfliche maßregelnde Antwort (kritisches Eltern-Ich). Es entsteht eine gekreuzte Transaktion, die konfliktträchtig ist.

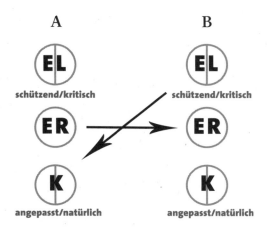

**Beispiel 4:**

Person A (der Vorgesetzte) sagt zu Person B (Mitarbeiter): »Wenn das noch einmal vorkommt, werden Sie mich kennenlernen.«

Der Mitarbeiter B antwortet: »Jetzt blasen Sie sich mal nicht so auf!«

Der Vorgesetzte (kritisches Eltern-Ich) macht dem Mitarbeiter klar, dass es so nicht geht, und erwartet ein Einlenken oder eine Entschuldigung (angepasstes Kindheits-Ich). Der Mitarbeiter allerdings sieht dies nicht ein und maßregelt (kritisches Eltern-Ich) den Vorgesetzten. Es entsteht erneut eine gekreuzte Transaktion, die konfliktträchtig ist.

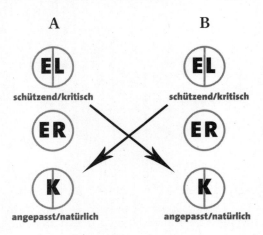

# Die »bösen« und die »guten« Ichs

Es spielt keine Rolle, welcher Ich-Zustand bei einem Menschen dominiert. Wichtig ist nur die Momentaufnahme: In welchem Ich-Zustand befindet sich mein Gesprächspartner jetzt im Vergleich zu mir?

Die verschiedenen Ich-Zustände lassen sich jedoch priorisieren; aus welchem Zustand agieren Menschen am ehesten manipulativ?

## Kritisches Eltern-Ich

Je mehr ein kritisches Eltern-Ich ins Extreme geht, umso mehr will es andere unterdrücken, beherrschen und Regeln richtiggehend oktroyieren. In diesem Ich-Zustand sind viele Mittel recht, die Skrupel sind relativ gering.

Seien Sie also hier wachsam: Die Wahrscheinlichkeit der Manipulation ist am höchsten.

## Erwachsenen-Ich

Im Zustand des Erwachsenen-Ichs ist man aufgrund seiner intellektuellen Fähigkeiten sehr wohl in der Lage, Dirty Tricks einzusetzen. Allerdings ist die Motivation zunächst einmal niedrig, denn aufgrund der inneren Stärke wird man vorläufig mit konstruktiven und gesellschaftsfähigen Verhandlungstaktiken operieren. Doch wenn eine persönliche Grenze erreicht ist, kann es zu ernst zu nehmenden Angriffen kommen.

### Natürliches Kindheits-Ich

Ein natürliches Kind möchte seine Bedürfnisse durchsetzen und sich möglichst keinen Regeln unterwerfen. Werden ihm in einer Verhandlung, in einem Gespräch oder in einer sonstigen Situation Grenzen gesetzt, wird es sich schmutziger Tricks bedienen, weil es schwach ist und keine anderen Möglichkeiten hat. Die Gefahr ist allerdings nicht sehr hoch, weil es aufgrund seiner Schwäche leichter handhabbar ist. Auch ist ein natürliches Kind relativ beeinflussbar.

### Angepasstes Kindheits-Ich

Ein angepasstes Kind unterwirft sich, wie der Name schon sagt, den Regeln und tut das, was von ihm erwartet wird – oft allerdings nicht freiwillig. Es ist zu ängstlich, um sich durch innere Souveränität und mit gesellschaftsfähigen Strategien von solchen Regeln zu befreien. Es wird also eher auf Tricks ausweichen. Da es aber auch schwächer ist als ein natürliches Kind, ist es leicht in die Schranken zu weisen, wenn Sie einen Trick entlarven. Es wird sehr schnell den Kopf einziehen und vorläufig kuschen.

### Schützendes Eltern-Ich

Das schützende Eltern-Ich will, wie der Name schon sagt, schützen, helfen, unterstützen, anderen etwas Gutes tun. Da es hier im Grunde nie auf Widerstände stößt, braucht es sich auch keiner Taktiken zu bedienen. Es gibt jedoch eine Ausnahme: wenn das schützende Eltern-Ich jemanden zu seinem Glück zwingen möchte und ihn deshalb in positiver Form »austrickst«. Aber das ist eine Anwendungsform dieser Tricks, die man niemals anprangern, sondern höchstens mit einem wohlwollenden Lächeln quittieren würde.

Wenn Sie in Zukunft in Verhandlungen oder wichtigen Besprechungen sitzen, konzentrieren Sie sich darauf, in welchem Ich-Zustand sich Ihr Gesprächspartner gerade befindet. Sitzt dort ein schützendes Eltern-Ich, können Sie sich ganz auf das Gespräch konzentrieren. Sitzt dort das genaue Gegenteil, ein kritisches Eltern-Ich, seien Sie wachsam.

So erkennen Sie schon sehr früh, mit welcher Munition jemand schießen könnte.

## Vom Soft Trick zum Dirty Trick

# Eine Checkliste für den schnellen Durchblick bei Angriffen

| Methode | So geht Ihr Gegenüber vor | Wie Sie sich schützen | Hauptsächlicher Transaktionszustand | Ferkel-faktor |
|---|---|---|---|---|
| Das Konsequenz-gesetz S. 69 | Ihr schlechtes Gewissen wird provoziert und ausgenutzt. | Sie lassen sich Ihre angeblichen Zusagen bzw. Aussagen detailliert erklären; Sie hinterfragen. | Erwachsenen-Ich Natürliches Kindheits-Ich | niedrig |
| Schuldzuweisung als Frage S. 73 | Sie sollen die Schuld tragen. | Sie hinterfragen die Behauptung. | Natürliches Kindheits-Ich | niedrig |
| Der Nebenkriegs-Schauplatz S. 83 | Sie sollen durch Alternativ-Antworten abgelenkt werden. | Beharren Sie darauf, dass Ihre Frage direkt beantwortet wird. | Erwachsenen-Ich Natürliches Kindheits-Ich | niedrig |
| Fangfragen S. 115 | Man will Ihnen Informationen entlocken. | Bleiben Sie konsequent beim Thema. | Erwachsenen-Ich | niedrig |

| Methode | So geht Ihr Gegenüber vor | Wie Sie sich schützen | Hauptsächlicher Transaktionszustand | Ferkel-faktor |
|---|---|---|---|---|
| Gezielt aufwerten S. 124 | Sie erfahren Wertschätzung und Streicheleinheiten. | Fragen Sie sich kritisch: Warum sollte der andere an meinem Wohlergehen interessiert sein? | Natürliches Kindheits-Ich | niedrig |
| Die Alternativfrage S. 128 | Ihnen werden Bilder suggeriert, von denen Sie sich nur schwer lösen können. | Fragen Sie sich, ob Sie sich überhaupt schützen möchten. Wenn ja, dann lösen Sie sich bewusst und gezielt von den Bildern. | Natürliches Kindheits-Ich | niedrig |
| Die Humor-Taktik S. 135 | Durch Humor werden Angriffe oder Forderungen abgeschwächt. | Beharren Sie darauf, dass das Problem sachlich diskutiert wird. | Natürliches Kindheits-Ich | niedrig |
| Die Körpersprache im Machtspiel S. 44 | Sie sollen verunsichert werden. | Sprechen Sie die Signale des Gesprächspartners gezielt an und bitten Sie um eine Erklärung. | Kritisches Eltern-Ich | mittel |

| Methode | So geht Ihr Gegenüber vor | Wie Sie sich schützen | Hauptsächlicher Transaktionszustand | Ferkel-faktor |
|---|---|---|---|---|
| Die Suggestiv-Mimik S. 48 | Sie sollen verunsichert werden. | Sprechen Sie die Signale des Gesprächspartners gezielt an und bitten Sie um eine Erklärung. | Kritisches Eltern-Ich | mittel |
| Der Autoritätsbeweis S. 57 | Sie sollen eingeschüchtert werden. | Hinterfragen Sie gezielt die Autoritätsbeweise. | Kritisches Eltern-Ich Erwachsenen-Ich | mittel |
| Mit Fremdwörtern bluffen S. 80 | Sie sollen mit Fremdwörtern beeindruckt werden. | Hinterfragen Sie diese Fachbegriffe. | Natürliches Kindheits-Ich | mittel |
| Abblocken durch Bluff S. 87 | Die Unwahrheit wird als richtig dargestellt. | Sie nutzen die Taktik »ad absurdum«. | Erwachsenen-Ich Natürliches Kindheits-Ich | mittel |
| Das Kontrastgesetz S. 111 | Sie sollen geschwächt werden. | Seien Sie sich bewusst, dass der hohe Kontrast eine reine Taktik ist. | Kritisches Eltern-Ich Erwachsenen-Ich | mittel |

| Methode | So geht Ihr Gegenüber vor | Wie Sie sich schützen | Hauptsächlicher Transaktionszustand | Ferkel-faktor |
|---|---|---|---|---|
| Die Wahrheits-Meinungs-Taktik S. 133 | Ihre Meinung wird als falsch dargestellt, die andere als Wahrheit. | Machen Sie klar, dass es sich bei den vermeint-lichen Fakten auch nur um die persönliche Meinung des Gesprächs-partners handelt. | Erwachsenen-Ich | mittel |
| Dein-Problem-Methode S. 134 | Ihnen werden persönliche Probleme unterstellt. | Blocken Sie über die Humor-Taktik ab. | Kritisches Eltern-Ich Erwachsenen-Ich | mittel |
| Die Zweisilber-Methode S. 137 | Durch eine zweisilbige inhaltsleere Antwort wird Ihr Einwurf abge-wertet und abgeblockt. | Beharren Sie darauf, dass Ihr Einwurf beantwortet wird. | Natürliches Kindheits-Ich | mittel |
| Du-Offensive und Ich-Defensive S. 51 | Sie sollen sich schuldig und minderwertig fühlen. | Stellen Sie gezielt Fragen; verwenden Sie ebenfalls Du-Botschaften in Kom-bination mit Ich-Bot-schaften. | Kritisches Eltern-Ich | hoch |

| Methode | So geht Ihr Gegenüber vor | Wie Sie sich schützen | Hauptsächlicher Transaktionszustand | Ferkel-faktor |
|---|---|---|---|---|
| Einbruch in die Tabuzonen S. 62 | Ihre Aufmerksamkeit wird geschwächt. | Sie stellen subtil oder offen die Grenze wieder her. | Eltern-Ich Erwachsenen-Ich Natürliches Kindheits-Ich | hoch |
| Die Pause als Vorwurf S. 78 | Sie werden in Recht-fertigungsnot gebracht. | Sie fragen, ob noch Punkte offen sind. Kommt keine Antwort, vertagen Sie. | Natürliches Kindheits-Ich Kritisches Eltern-Ich | hoch |
| Die provozierende Frage S. 92 | Sie sollen Ihr Gesicht verlieren. | Hinterfragen Sie mit einer Gegenfrage die provozierende Frage. | Kritisches Eltern-Ich | hoch |
| Die Absturztaktik S. 97 | Sie sollen sich zunächst sicher fühlen, um dann attackiert zu werden. | Sie nutzen die Dein-Problem-Methode. | Kritisches Eltern-Ich | hoch |
| Good Cop, Bad Cop S. 102 | Sie sollen dem Good Cop in die Arme getrie-ben werden. | Durchschauen Sie ihn als den wirklichen Ge-fährlichen und spielen Sie dem Good Cop gegen-über selber den Good Cop. | Good Cop: vorgespieltes schützendes Eltern-Ich Bad Cop: kritisches Eltern-Ich bis natürliches Kind-heits-Ich | hoch |

| Methode | So geht Ihr Gegenüber vor | Wie Sie sich schützen | Hauptsächlicher Transaktionszustand | Ferkel-faktor |
|---|---|---|---|---|
| Die Gegenfragen-Straße S. 105 | Sie sollen »am langen Arm verhungern«. | Sie pochen konsequent darauf, dass Ihre Frage beantwortet wird (aber nicht mit einer Gegen-frage). | Kritisches Eltern-Ich Erwachsenen-Ich | hoch |
| Die Knüller-Taktik S. 121 | Sie sollen sich fälsch-licherweise als Sieger fühlen. | Fragen Sie sich kritisch: Warum sollte der andere an meinem Wohl interessiert sein? | Erwachsenen-Ich Natürliches Kindheits-Ich | hoch |
| Der Aufwärm-phasen-Trick S. 130 | Ihre »Aufwärmphase« wird ausgenutzt, um Ihre Entscheidungen zu steuern. | Lassen Sie sich das Angebot/die Frage wiederholen. | Erwachsenen-Ich | hoch |
| Die Klarzeichner-Taktik S. 136 | Sie sollen erschreckt merken, dass Sie zu weit gegangen sind. | Entschärfen Sie über die Humor-Taktik. | Kritisches Eltern-Ich | hoch |

# Chinesische Listen und Taktiken

Chinesische Listen und die Dirty Tricks in unserer Kultur sind im Grunde vergleichbar. Sie sind Überlebensstrategien und dienen dazu, sich Vorteile zu verschaffen. Allerdings haben Chinesen sehr viel mehr Erfahrung und können List mit Schläue und subtil einsetzen, während die Dirty Tricks in unserer Kultur verglichen damit plumper erscheinen. Die List im chinesischen Kulturkreis ist im Unterschied zu den Dirty Tricks in unseren Breiten intelligenter. In China werden Listen mit mehr Geduld und Ausdauer eingesetzt, sind leiser, subtiler und anerkannter. »Unsere« Dirty Tricks hingegen sind lauter und auch leichter durchschaubar.

Bekannt sind uns 36 chinesische Listen, die in unserem Kulturkreis allerdings weniger verbreitet sind. Daher ist es nicht verwunderlich, dass eine Art »Listenblindheit« in allen Kreisen existiert:

»*Meine Naivität hat mich richtig Geld gekostet.*«
Steffi Graf

»*Naivität aus Unkenntnis banaler Tricks – ein Kennzeichen aller großer Denker.*« Marion Gräfin Dönhoff

Eine List ist eine bewusst eingesetzte ungewöhnliche Problemlösungsmethode und wird in China auch als Weisheit bezeichnet. Werden Listen strategisch eingesetzt, dann muss man sowohl das große Ganze sehen als auch Kleinigkeiten in Betracht ziehen. Wer diese Kunst beherrscht, wird in China aufgrund seiner Fähigkeiten bewundert.

Im christlichen Abendland hingegen wurden Listen schon immer kriminalisiert. Weisheit und List waren Gegensätze wie Feuer und Wasser; dabei steht schon in der Bibel: »Seid klug wie die Schlangen und ohne Falsch wie die Tauben!« Und von wem stammt dieser Satz? Von Jesus (Matthäus 10,16).

Wie bringt man nun die Schlange und die Taube im täglichen Leben unter einen Hut? Hier ein Beispiel: List Nr. 6, die Ablenkung.

Sie stehen am Bahnhof mit Ihrem Koffer. Eine Dame bittet Sie, ihren schweren Koffer in den Zug zu wuchten. Sie selber steigen mit Ihrem eigenen Koffer erst in den nächsten Zug.

Die Taube: Sie helfen der Dame.

Die Schlange: Es könnte auch ein Ablenkungsmanöver sein. Deshalb behalten Sie gleichzeitig Ihren Koffer im Auge und stellen ihn vorsorglich in Sichtweite ab.

Der Kernpunkt aller Listen besteht darin, dass niemand Ihre List bemerkt – dann ist sie umso wirkungsvoller. Sind Sie ein Meister der Listen, dann erkennen Sie auch die Listen anderer und werden immun.

*»Ich glaube fest an das Gute im Menschen – aber ich rate dennoch, sich auf das Schlechte einzurichten.«*

Alfred Polgar

# Chinesische List Nr. 1:
# Zieltarnung

**Chinesisches Strategem:**
Den Kaiser täuschen, indem man ihn in ein Haus am Meeresstrand einlädt, das in Wirklichkeit ein verkleidetes Schiff ist, und ihn so dazu veranlassen, das Meer zu überqueren.

**Kernpunkte:** Signaltäuschung, Etikettenverschleierung, Tarnkappenmethode, Zieltarnung

**Beispiel:**
In einer schriftlichen Prüfung werden die Prüfungsbögen nicht mit dem Namen, sondern mit einer Codenummer versehen. Ein schwacher Prüfling ist vordergründig nett zu einem starken Prüfling und bietet an, bei Beendigung der Prüfung auch dessen Prüfungsbogen mit nach vorne zu bringen. Der starke Prüfling willigt erfreut ein. Der schwache Prüfling tauscht auf seinem Tisch schnell die beiden Codenummern aus und bringt die Bögen nach vorne.

Resultat: Der schwache Prüfling bekommt die guten Noten des starken Prüflings, während der tatsächlich starke Prüfling durchfällt und die Welt nicht mehr versteht.

**Beispiel:**
In dem Film »Tootsie« spielt Dustin Hoffman einen wenig erfolgreichen Schauspieler. Erst als er sich als Frau verkleidet, ist er erfolgreich. Durch diese Täuschung, durch die er seine eigentliche Person verschleiert, macht er die Karriere, die ihm ansonsten versagt wäre.

## Chinesische List Nr. 2:
## Achillesfersen-Bedrohung

**Chinesisches Stratagem:**
Die ungeschützte Hauptstadt des Staates Wei belagern, um den durch die Hauptstreitmacht des Staates Wei angegriffenen Staat Zhao zu retten.

**Kernpunkte:**
Bedrohung der Schwachstellen des Gegners, dadurch indirekter Sieg

**Beispiel:**
In seinem Buch »Iacocca. Eine amerikanische Karriere« beschreibt der amerikanische Industriemanager Lee Iacocca, wie er Chrysler rettete. Dazu brauchte er einen Kredit über eine Milliarde Dollar von der amerikanischen Regierung. Das Bewilligungskomitee, das zum Teil aus Abgeordneten bestand, wollte ihm diesen Kredit verweigern.

Iacocca bedrohte die Abgeordneten deshalb sehr subtil, aber dennoch unmissverständlich. Er machte klar, dass die Chance, wiedergewählt zu werden, deutlich sinken könnte, wenn publik würde, dass diese Abgeordneten durch Verweigerung des Kredites Schuld am Konkurs von Chrysler tragen. Die Vernichtung von zigtausenden Arbeitsplätzen würden dann die Medien zumindest zum Teil diesen Abgeordneten anlasten.

Iacocca bekam seinen Kredit!

# Chinesische List Nr. 3:
## Stellvertretertaktik/Alibitaktik

**Chinesisches Strategem:**
Mit dem Messer eines anderen töten.
Den Gegner durch fremde Hände ausschalten oder jemanden auf indirekte Weise schädigen, ohne sich selbst dabei zu exponieren.

**Kernpunkte:** Stellvertretertaktik oder Schreibtischtätertaktik (Anstiftung, ohne juristisch oder moralisch angreifbar zu sein)

**Beispiel:**
Ein Mitarbeiter oder Kollege wird der Firma oder einem Vorgesetzten gefährlich. Häufig wird eine solche Person dann auf einen Posten befördert, wo er keinen Schaden mehr anrichten kann. Das ist moralisch und auch juristisch nicht angreifbar, denn dieser Person ist ja etwas Gutes widerfahren, sie ist aufgestiegen – wenn auch auf ein Abstellgleis.

**Beispiel:**
Ein hinterhältiger Mobber bleibt stets im Hintergrund. Stattdessen instrumentalisiert er eine oder mehrere Personen in seinem Umkreis. Er wiegelt diese Personen auf, so dass sie für ihn die »Drecksarbeit« machen und auch, sollte es dazu kommen, für ihn die Prügel einstecken.

# Chinesische List Nr. 4:
# Erschöpfungs-Taktik

**Chinesisches Strategem:**
Ausgeruht den erschöpften Feind erwarten.

**Kernpunkte:**
Nachlässigkeitstaktik, Erschöpfungstaktik

**Beispiel:**
In einem Buch über den Kampf des FBI gegen das organisierte Verbrechen wurde beschrieben, wie das FBI im Haus eines »Don« Wanzen installieren wollte. Das Haus war mit einer Alarmanlage gesichert. Das FBI löste einen Alarm aus und registrierte, wie lange die zuständige Wach- und Schließgesellschaft brauchte, um zum Haus zu gelangen. Natürlich konnte nichts festgestellt werden; es handelte sich um einen Fehlalarm.

Dieses Manöver wiederholte das FBI zehn Mal, bis bei der Wach- und Schließgesellschaft eine Erschöpfung und eine gewisse Nachlässigkeit zu spüren waren – sie benötigte inzwischen vier- bis fünfmal so lange, um zu reagieren, da sie die Fehlalarme nicht mehr ernst nahm. Das FBI konnte entspannt die Wanzen installieren, und der Mafioso ging für Jahrzehnte hinter Gitter.

## Chinesische List Nr. 5:
## Aasgeier-Taktik

**Chinesisches Strategem:**
Eine Feuersbrunst für einen Raub ausnützen.

**Kernpunkte:**
Kriegsgewinnlerstrategie, Aasgeiertaktik

**Beispiel:**
Sie bleiben mit Ihrem Wagen liegen und brauchen sofort Hilfe. Auf eine solche Notlage lauern bestimmte Abschleppunternehmen, die mitunter auch den Polizeifunk abhören und somit Kenntnis von Unfällen bekommen. Sie schleppen Ihren Wagen zu einem überhöhten Preis in eine Werkstatt, die dann wiederum zu einem überhöhten Preis repariert. Sie sind jedoch dankbar, weil Sie keine Alternative haben.

**Beispiel:**
Ihr Wagen hat einen Totalschaden; Sie brauchen sofort ein neues Auto, weil Sie darauf angewiesen sind. Der Händler erkennt das und verkauft Ihnen einen Gebrauchtwagen zu einem überhöhten Preis. Sie sind dankbar, denn er kann Ihnen diesen Wagen noch am selben Tag zur Verfügung stellen.

## Chinesische List Nr. 6:
## Scheinangriff

**Chinesisches Strategem:**
Einen Angriff im Osten ankündigen, aber im Westen durchführen.

**Kernpunkte:**
Verschleierung der Zielrichtung, Ablenkungsmanöver, Scheinangriff

**Beispiel:**
In einem Mitarbeitergespräch bittet der Chef den Mitarbeiter, samstags ausnahmsweise zur Arbeit zu kommen, weil ein Großauftrag bearbeitet werden muss. Der Mitarbeiter möchte dies nicht, weil er sich mit Freunden verabredet hat – das ist sein eigentlicher Grund. Zu dieser Zeit liegt seine Tochter mit leichtem Fieber im Bett und wird von seiner Frau betreut. Der Mitarbeiter schiebt nun die Krankheit der Tochter vor und begründet so, dass er nicht zur Arbeit kommen kann. Er erzeugt moralischen Druck und stellt sich als fürsorglicher Vater dar, der seine Tochter nicht im Stich lassen möchte. Der Chef hat ein Einsehen.

# Chinesische List Nr. 7:
# Gerüchteküche

**Chinesisches Strategem:**
Dem Feind gegenüber einen Vorteil gewinnen, indem man ihm ein Trugbild vorgaukelt.

**Kernpunkte:**
Gerüchte initiieren, Dinge aufbauschen

**Beispiel:**
Eine typische Mobbingstrategie ist es, über einen Mitarbeiter Gerüchte in die Welt zu setzen. Die Position des gemobbten Kollegen wird so deutlich geschwächt.

**Beispiel:**
Auch im Geschäftsleben können so unliebsame Konkurrenten vom Markt gedrängt werden. Ich habe einen Fall erlebt, in dem über einen sehr erfolgreichen Unternehmer das völlig aus der Luft gegriffene Gerücht verbreitet wurde, er habe Verbindungen zu Scientology. Jedes Dementi des Wettbewerbers verstärkte dieses Gerücht nur, denn: Wer sich verteidigt, ist schuldig.

# Chinesische List Nr. 8:
# Umweg-Taktik / Normalitätstaktik

### Chinesisches Strategem:
Sichtbar die verbrannten Holzstege durch die Gebirgsschluchten von Hanzhong nach Guanzhong wieder in Stand setzen, insgeheim aber vor beendeter Reparatur auf einem Umweg nach Chencang in Richtung Guanzhong marschieren.

### Kernpunkte:
Umwegstrategie

### Beispiel:
Zwei konkurrierende Mitarbeiter in einem Unternehmen streben den Geschäftsführerposten an. Entsprechend zeigen beide beste Leistungen. Nach einiger Zeit signalisiert ein Kontrahent dem anderen, dass er sich nicht für geeignet hält und deshalb Abstand nimmt. In Wirklichkeit bereitet er sich jedoch noch intensiver auf die Übernahme des Geschäftsführerpostens vor, während der andere sich in Sicherheit wähnt und nachlässig wird, sich weniger anstrengt – denn er hat vermeintlich nichts zu befürchten. Am Tag der Entscheidung fällt der Kontrahent aus allen Wolken; sein Kollege, der angeblich verzichtet hatte, wird zum Geschäftsführer befördert.

# Chinesische List Nr. 9:
# Raushalte-Taktik

**Chinesisches Strategem:**
Die Feuersbrunst vom gegenüberliegenden Ufer beobachten.

**Kernpunkte:**
Nicht-Intervention, Neutralitäts-Strategien

**Beispiel:**
Zwei Parteifreunde geraten aneinander und kämpfen um das Ministeramt. Ein Dritter, der ebenfalls an diesem Posten interessiert ist, schaut sich in Ruhe an, wie sich die beiden regelrecht bekriegen. Er ergreift weder für den einen noch für den anderen Partei, schadet niemandem und wartet einen günstigen Moment ab, selber den Ministerposten zu übernehmen. Durch eine solche Strategie ist schon manches Amt vergeben worden.

# Chinesische List Nr. 10:
# Einlullungs-Taktik

**Chinesisches Strategem:**
Hinter dem Lächeln den Dolch verbergen.

**Kernpunkte:**
Judas-Kuss-Taktik, Einschmeichelungstaktiken, Doppel-züngigkeit

**Beispiel:**
Ein relativ harmloses Beispiel: Ein Händler oder Verkäufer will Ihnen einen Anzug verkaufen. Er schmeichelt Ihnen, versichert Ihnen, dass dieser Anzug wie für Sie gemacht ist, bewundert Ihre gute Figur. Dabei lächelt er und lässt seinen Charme spielen, und Sie haben das Gefühl, dass dieser Händler nur Ihr Bestes will. Und das will er auch – Ihr Geld. Aber das kaschiert er geschickt.

# Chinesische List Nr. 11:
# Bauernopfer

**Chinesisches Strategem:**
Den Pflaumenbaum anstelle des Pfirsichbaums verdorren lassen.

**Kernpunkte:**
Sündenbock-Strategie, Bauernopfer-Strategie

**Beispiel:**
Während des Irak-Krieges wurden im Irak Gefängnisse für mutmaßliche Terroristen und deren Helfer eingerichtet. Wie sich herausstellte, wurden die Insassen in diesen Gefängnissen mit Duldung des Militärs durch Soldaten und Soldatinnen gefoltert und erniedrigt.

Da dieser Skandal an die Weltöffentlichkeit gelangte, musste sich das Militär reinwaschen. Deshalb wurde eine der Soldatinnen geopfert, die dabei fotografiert wurde, wie sie einen Inhaftierten mit einer Hundeleine um den Hals festhielt. Das Foto ging um die Welt, und dieser Soldatin wurde der Prozess gemacht. Sie wurde zu einer längeren Gefängnisstrafe verurteilt – ein typisches Bauernopfer.

## Chinesische List Nr. 12:
## Chancen ergreifen

### Chinesisches Strategem:
Mit leichter Hand das einem unerwartet über den Weg laufende Schaf wegführen.

### Kernpunkte:
Chancen zum eigenen Vorteil nutzen, mit wachen Augen durchs Leben gehen

### Beispiel:
Manche Menschen haben in ihrem Leben außerordentlich hart gearbeitet und es dadurch zu bescheidenem Wohlstand gebracht. Andere haben in ihrem Leben niemals hart gearbeitet, sondern nur die Augen offen gehalten. Diese Menschen haben ein gutes Gespür für Chancen, die sie – bisweilen skrupellos – zu ihrem eigenen Vorteil nutzen. Manche Karriere in einem Konzern ist so entstanden.

## Chinesische List Nr. 13:
## Auf den Busch klopfen

**Chinesisches Strategem:**
Auf das Gras schlagen, um die Schlangen aufzuscheuchen.

**Kernpunkte:**
Einschüchterung, Warnschüsse, Abschreckung, Bluff

**Beispiel:**
Wer schon einmal einen Rechtsstreit ausfechten musste, kennt die folgende Situation sicherlich: Vom gegnerischen Anwalt kommt eine Klageschrift, in der Behauptungen zu lesen sind, die nicht stimmen. Es kommen Ihnen Zweifel: Sie wissen nicht, wie der Richter entscheiden, wie eine Gerichtsverhandlung ausgehen wird, wie clever und redegewandt der Rechtsanwalt der Gegenseite ist. Eines ist klar: Recht haben und Recht bekommen sind zwei verschiedene Dinge.

Deshalb sind Sie eingeschüchtert und möglicherweise zu bestimmten Zugeständnissen bereit; und genau das ist das Ziel, das der Anwalt mit seinem Schreiben erreichen will. Sie sollen unbedacht handeln.

**Beispiel:**
Ein Steuerprüfer findet einige relevante Informationen in den Unterlagen Ihrer Firma; im Gespräch mit Ihnen »klopft er dann auf den Busch«. Er äußert Vermutungen und beobachtet Sie dabei sehr genau. Wenn Sie zusammenzucken oder sogar eingeschüchtert sind, weiß er genau, wo er den Hebel ansetzen kann. Sie haben sich wie eine aufgeschreckte

Schlange verhalten, und der Steuerprüfer weiß, wo die Schwachstellen zu finden sind.

## Chinesische List Nr. 14:
## Alter Wein in neuen Schläuchen

**Chinesisches Strategem:**
Für die Rückkehr der Seele einen Leichnam ausleihen.

**Kernpunkte:**
Renovierungstaktik, Verschönerungstaktik

**Beispiel:**
Sie möchten einen Gebrauchtwagen kaufen. Der Händler weiß genau, dass die Optik eine wichtige Rolle spielt. Also wird der Wagen, für den Sie sich interessieren, auf Hochglanz poliert und gewaschen. Roststellen werden ausgebessert, und möglicherweise wird im Wageninnern noch mit »Neuwagenspray« gearbeitet.

Wenn Sie sich nun in diesen Wagen hineinsetzen, haben Sie ein gutes Gefühl. Über kleinere technische Mängel schauen Sie hinweg, und der Wagen ist so gut wie gekauft.

Wenn Sie im Gegensatz dazu einen technisch einwandfreien Gebrauchtwagen sehen, der aber einen sehr schlechten optischen Eindruck macht, dann werden Sie eher Abstand vom Kauf nehmen.

Diese Schönfärberei ist eine altbewährte Taktik – nicht nur in China.

## Chinesische List Nr. 15:
## Isolations-Taktik

**Chinesisches Strategem:**
Den Tiger vom Berg in die Ebene locken.

**Kernpunkte:**
Abtrennen, isolieren, entmachten

**Beispiel:**
In vielen Firmen haben die Einkäufer die Personalentwicklung übernommen. Sie bestimmen die Preise und damit auch die Qualität der Personalentwicklung.

Ein solcher Einkäufer will nun mit einem Institut, das schon lange für das Unternehmen Seminare organisiert, neue Honorare aushandeln. Er weiß, dass das Seminarinstitut und der Personalentwickler schon lange und gut zusammenarbeiten und im positiven Sinne Verbündete sind. Beide bei der Preisverhandlung zusammen an einen Tisch zu setzen, würde die Position des Einkäufers schwächen. Also wartet er, bis der Personalentwickler in Urlaub geht, und bestellt den Leiter des Instituts während dieser Zeit zu sich. So hat der Einkäufer einen Heimvorteil, da das Gespräch in seinem Büro stattfindet, und er isoliert den Institutsleiter und schwächt so dessen Verhandlungsposition. So wird er mit hoher Wahrscheinlichkeit sein Ziel erreichen.

# Nachwort

Die in diesem Buch beschriebenen schmutzigen Tricks, Taktiken, Fallen und Listen werden sowohl im Berufs- als auch im Privatleben immer häufiger eingesetzt. Wer sie nicht kennt und nicht professionell kontern kann, ist oftmals der Dumme.

Sicherlich verführt die Kenntnis dieser Kommunikationsstrategien dazu, selber die eine oder andere Taktik als Offensivwaffe einzusetzen. Das ist verlockend und verständlich, aber nicht Sinn und Zweck dieses Buches. Mir geht es darum, den Ferkel-Faktor in unserer Welt zu minimieren.

Jeder Mensch, der sich zu denen gesellt, die schmutzige Tricks und Fallen nur allzu gerne zum eigenen Vorteil nutzen, hilft mit, Kommunikationsstrategien auf dem Niveau eines Rosstäuschers zu etablieren. Sich jedoch zu wehren, andere zu entlarven, kann heilsam sein und dazu verhelfen, dass wieder konstruktiver, sachlicher und mit Stil aufeinander zugegangen wird. Nur so lässt sich eine langfristige

Win-Win-Situation erreichen; verbrannte Erde schadet uns allen.

Das Wissen um die beschriebenen Taktiken hilft Ihnen, Ihr eigenes Verhalten besser zu analysieren und zu erkennen, wann Sie wider besseres Wissen zum »intuitiven Täter« werden. Streben Sie eine konstruktive, persönlichkeitsstarke Kommunikation an, mit der Sie längerfristig Erfolg haben. Dirty Tricks als Offensivwaffen haben Sie nach der Lektüre dieses Buches nicht mehr nötig. Denn:

Sie, verehrter Leser, sind ab heute in der besseren Position. Sie können die Taktiken, auch wenn sie subtil und kombiniert eingesetzt werden, in Zukunft wesentlich leichter entlarven, entsprechend professionell kontern und sich schützen. Dazu wünsche ich Ihnen viel Erfolg.

Herzlichst,

Ihr Günther Beyer

# Eine Bitte in eigener Sache

Wenn Sie Opfer von Listen, Taktiken oder Dirty Tricks geworden sind oder solche kennen, die sich nicht in diesem Buch finden, dann bin ich an Ihren Erfahrungen interessiert. Ich bitte Sie, mir Ihre Erlebnisberichte zu schicken, entweder

– per E-Mail unter info@beyer-seminare.de
– per Fax unter der Fax-Nr. 02206/800–45 oder
– per Brief an Die Beyer Seminare GmbH, Loxsiefen 5 a, 51789 Lindlar.

Bitte schicken Sie Ihren Fall an mich persönlich. Ihre Anonymität wird gewahrt. Verfüge ich über genügend weitere Taktiken, Tricks und Listen, dann werde ich sie in einem weiteren Buch zusammenfassen.

Herzlichen Dank.

## Eine Hilfe zur Übersetzung des Satz-Ungetüms von Seite 81/82

permanente kommunikative Insuffizienz = dauernde
   Verständigungsunzulänglichkeit
eliminieren = ausschalten
restriktiv = einschränkend/einengend
Enkulturation = das Hineinwachsen des Einzelnen in die
   Kultur der ihn umgebenden Gesellschaft
vice versa = umgekehrt genauso
Internalisierung = Verinnerlichung
präformieren = im Voraus festlegen
utilitär = rein auf den Nutzen ausgerichtet
Eloquenz = Wortgewandtheit/Beredsamkeit
Conditio sine qua non = unerlässliche Voraussetzung
rekurrieren = Bezug nehmen, daran anknüpfen
insolent = anmaßend, unverschämt
Insimulation = Verdächtigung, Anschuldigung
affektlabil = impulsiv im Verhalten, jähzornig
Loquazität = Geschwätzigkeit
induzieren = hervorrufen, auslösen

## Danksagung

Ich möchte meinen Mitarbeiterinnen Margit Höller, Silvia Logemann und Claudia Hempelmann sowie meiner Frau Metta für die Unterstützung bei der Arbeit an diesem Buch danken.

Ebenso gilt mein Dank Jürgen Diessl, Verlagsleiter des Econ Verlages, sowie der Lektorin Susanne Frank für die intensive Betreuung dieses Buchprojekts.

Susanne Reinker

# Rache am Chef

Die unterschätzte Macht der Mitarbeiter

ISBN 978-3-548-37202-0
www.ullstein-buchverlage.de

Immer mehr Mitarbeiter wehren sich gegen unfaire und unfähige Vorgesetzte. Phantasievoll sorgen sie für ausgleichende Gerechtigkeit – durch Rache am Chef. Innere Kündigung und stiller Boykott sind noch die harmloseren Varianten. Katastrophenchefs müssen auch mit gezielter Indiskretion und Sabotage rechnen. Mit unglaublichen Beispielen und viel Sinn für Realsatire berichtet Susanne Reinker vom Guerillakrieg im Büro. Sie erklärt, wie Chefs die Leistungslust abwürgen, beleuchtet die wirtschaftlichen Folgen von Boykott und Unterschlagung und zeigt, wie sich Mitarbeiter gegen die täglichen Zumutungen von oben zur Wehr setzen.

»Susanne Reinkers Buch sollte für Mitarbeiter und Chefs Pflichtlektüre werden.« *dpa*

Günther Willen
# Niveau ist keine Hautcreme
Gepflegte Sprüche für alle Lebenslagen
Originalausgabe

ISBN 978-3-548-37226-6
www.ullstein-buchverlage.de

Gehts noch? Ein Strauß fröhlicher Wendungen und Redensarten aus dem gemeinen Wortschatz der Deutschen in einem Buch – übersichtlich gegliedert und säuberlich geordnet. Da beißt die Maus keinen Faden ab: Dieser moderne Sprach- und Sprücheführer ist ein unentbehrlicher Begleiter auf dem Trampelpfad durch die wunderbare Welt der Phrasen, Kalauer und Floskeln – von der Wiege bis zur Bahre. Aber hallo!

»Dereinst wirst du dich für jeden Kalauer, den du dir verkniffen hast, vor deinem Schöpfer verantworten müssen.« *Harry Rowohlt*